作者简介：金行征，浙江大学传媒与国际文化学院"百人计划"研究员、博士生导师，毕业于德国柏林艺术大学与日本多摩美术大学。从事纪录电影创作与研究，纪录电影代表作品有《水让我重生》《无臂七子》《罗长姐》《消失在黎明前》《离开》等。

内容简介：本书基于纪录电影《水让我重生》摄制期间的访谈等内容，共分为三个部分，分别以"水让我重生""谁让我重生""力量与希望"为主题，记录了那些以不屈意志挑战极限的中国残疾人运动员在赛场上争金夺银、砥砺前行的传奇人生。他们的故事，不仅仅是个人毅力与才华的彰显，更是中国残疾人运动员自强不息的精神风貌的生动缩影。

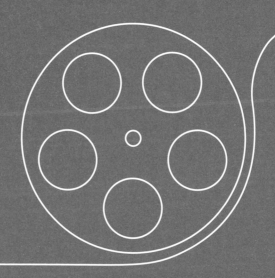

水让我重生

中国残奥冠军访谈录

金行征 编著

浙江大学出版社

·杭州·

图书在版编目（CIP）数据

水让我重生：中国残奥冠军访谈录 / 金行征编著.
杭州 : 浙江大学出版社, 2025. 3. -- ISBN 978-7-308
-25849-4

Ⅰ. K825.47

中国国家版本馆CIP数据核字第2025X3A409号

水让我重生——中国残奥冠军访谈录

金行征　编著

责任编辑　包灵灵

文字编辑　张闻嘉

责任校对　史明露

封面设计　周　灵

出版发行　浙江大学出版社
　　　　　（杭州市天目山路148号　邮政编码 310007）
　　　　　（网址：http://www.zjupress.com）

排　　版　杭州林智广告有限公司

印　　刷　杭州高腾印务有限公司

开　　本　880mm×1230mm　1/32

插　　页　4

印　　张　8

字　　数　200千

版 印 次　2025年3月第1版　2025年3月第1次印刷

书　　号　ISBN 978-7-308-25849-4

定　　价　68.00元

皮划艇运动员谢毛三获得杭州第 4 届亚残运会首金

中国女子盲人门球队

纪录电影《水让我重生》研讨会

新青年论坛之亚残运会冠军运动员与浙大青年交流活动

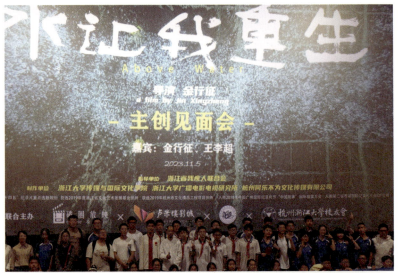

纪录电影《水让我重生》主创见面会与映后交流活动

2024 年 9 月 20 日，国务院总理李强在人民大会堂会见第 17 届夏季残奥会中国体育代表团全体成员时表示："体育比赛比的是体能、技能，更是比的意志、精神。我国残疾人体育健儿牢记习近平总书记关怀嘱托，大力弘扬中华体育精神和残奥精神，勇于超越自我、挑战极限，你们的出色表现和精神风貌让大家十分激动、深感自豪、深受激励。中国残奥代表团取得的优异成绩，集中体现了我国残疾人事业发展的巨大进步，充分彰显了新时代中国力量、中国精神和中国形象，祖国和人民为你们感到骄傲。"[1]

我们真心为他们在赛场上获得成绩感到高兴，但他们为了取得这成绩，在背后付出的努力，了解的人并不多。另外，那些同样付出努力，但没有拿出成绩的运动员，我们了解得更少，只有他们的教练知道，他们的父母知道，他们自己知道。我连续拍摄了两部关于残障群体的纪录电影，分别是《无臂七子》与《水让我重生》。《无臂七子》是关于七位没有手臂的书法艺术家的，他们在逆境中不甘示弱，迸发出昂扬向上的勇气和力量，用自己的口与脚以篆刻、绘画、写书法等形式创作艺术作品，得到了社会的认可，展现了人的无限潜能与自信。为回馈与报答社会，他们义卖自己的作品，共同筹资在云南贫

1 新华社. 李强会见第17届残奥会中国体育代表团. (2024-09-20)[2024-11-10]. https://www.gov.cn/yaowen/liebiao/202409/content_6975638.htm.

困山区建了一座"七子"教学楼，做了一件非凡的事情。影片《无臂七子》中有一位主角叫赵靖，他曾告诉过我一个令我难以忘怀的生活细节。他说即使是在酷热的夏日，去菜市场买菜也会穿着西装，以遮掩自己两只残缺的手臂，因为他担心自己的双臂会让别人感到不安而躲避他。他还说，平时能不出去，就不出去，宁愿在家里练习书法。他的这种心态，或许反映了众多残障人士内心的感受以及其所处的生活境地。很多人感叹，尽管在中国有 8500 多万残疾人，影响着约 2.6 亿个家庭成员，但在公共场合却鲜少见到他们的身影。这一现象促使我们更加深刻地意识到，营造一个让所有残障朋友们都能自如融入、积极参与、平等包容的社会是多么重要。

然而，在影片《水让我重生》中，观众会发现另一种现象，残疾人运动员之间是相互成长、相互帮助、相互成就的。在这个群体中，"残障"不再是被讨论的话题，大家更多关注共同面临的困难以及各自心中的梦想，而不是他们生命中的创伤与情感挣扎。每个人都是独一无二的个体，不存在任何形式的偏见，整个群体洋溢着温情。运动员们除训练之外，还时常欢聚，一起弹吉他，一起歌唱，一起玩游戏。虽然教练对待训练极其严厉，对训练计划要求也十分严格，但在训练场外，教练们对于运动员悉心关照以及过年时大家共同庆祝的场面，都呈现出一种非常友爱的氛围。比如李戴源教练虽年事已高、患腿部疾病，但依然坚持为队员按摩治疗，这些细节表现出教练的责任心和对运动员的关爱。

在 2023 年完成纪录电影《水让我重生》之后，为了拓宽视野并深入挖掘更多动人的残疾人体育故事，我采访了来自不同领域的顶尖运动员，包括赛艇、盲人门球、跆拳道、举重以及射箭等国家队运动员。这些采访对象都曾在各自的领域内夺得金牌。之所以选择金牌得主进行访谈，并非单纯出于他们的知名度，而是在于他们所展现的榜样作用。尽管这些金牌得主并未受到广泛的社会关注，但他们通过自身的奋斗历程，向所有运动员传递着一种积极向上的信息，那就是追求卓越不仅是竞技场上的胜利，更是个人成长道路上不可或缺的精神财富。金牌虽然代表着运动员职业生涯中的一个高峰，但它绝不是衡量成功的唯一标准。对于那些正在努力克服各种挑战，尤其是存在身体障碍的运动员来说，看到与自己有着相似背景的人站上领奖台，无疑是一种巨大的鼓舞。这样的成功案例不仅能帮助后来者树立目标，还能增强他们的自信，也使他们相信只要坚持不懈地努力，就可以实现自己的梦想。这种正面影响对于提高整个社会对残障人士能力的认识，促进残障人士的心理健康和社会融入具有极其重要的意义。

2018 年初，我们认识了浙江省残疾人文化体育指导中心的残疾人运动员后，决定拍摄一部纪录电影。在备案立项前，我大概花了一周的时间，拍摄剪辑了一则 3 分钟的片段。当时中国残疾人游泳运动员蒋裕燕说的一句话很让人感动与受启发。她说："在水里，我感到自由自在，不需要借助任何工具，可以找到自己前行的方向。"就是因为这句话，我们找到了拍摄方案的方向，将"水让我重生"作为片名，当时我与剧组非常兴奋，感觉这个名字太好了。因为"水"谐音"谁"，其真正的意义是"谁让我重生"。这针对的不仅仅是影片中的运动员，而是所有人。我们生活在社会之中，个人的成长与事业发展都离不开他人的支持与帮助。多年来，我和这些运动员建立了深厚的友谊，我从他们身上学到了许多宝贵的精神财富。面对困难时，他们所展现出来的不屈不挠的意志力，以及为了实现梦想而不懈奋斗、勇往直前的精神，都给我留下了深刻的印象。这些经历不仅丰富了我的人生，也激励我在面对挑战时保持永不放弃的信念。

本书收录了对这些运动员的访谈，所有访谈均发生在 2023 年。通过阅读访谈内容，我们可以深切地感受到，部分运动员的生活经历相当丰富。尽管书名定为《水让我重生——中国残奥冠军访谈录》，但实际上，被访谈的运动员中，有的尚未摘得残奥金牌，有的则是亚运会金牌得主。然而，他们无一不展现出坚韧不拔的拼搏精神，深刻诠释了残奥精神的内涵。当他们站上赛场的那一刻，即为无数人树立了榜样，鼓舞着每个人在生活中追寻自己的"金牌"。身体的局限并未削弱他们的斗志，反而激发了他们更加顽强的奋斗精神。他们的努力与成就，不仅彰显了个人的毅力与才华，更为残疾人体育领域注入了新的活力与希望。

当前，中国正致力于通过中国式现代化全面推进强国建设、民族复兴的伟业，这一进程中需要各行各业以饱满的热情和卓越的表现创造出非凡的成就。作为一名纪录片创作者，我希望能够借助纪录片这一形式，讲述那些从逆境中脱颖而出的残疾人运动员的故事。在纪录片中展现他们如何克服重重困难、最终登上领奖台的经历，不仅能够为观众带来深刻的启示，还能激励人们以自己的力量，走出困境，勇敢地追求并活出自己的精彩人生。

金行征

2024 年 11 月 14 日

浙江大学紫金港校区

目　录

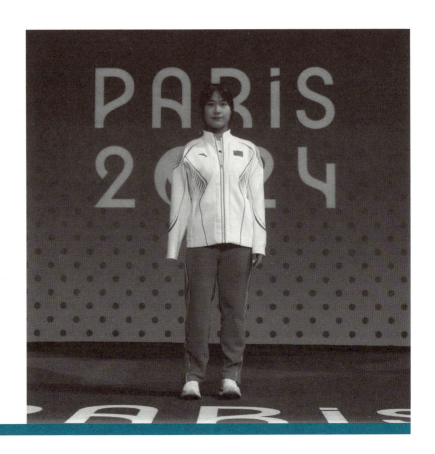

蒋裕燕

　　游泳让我发现了自己更多的可能性，让我见到了更大的舞台，也让我被更多人看到，变得更加自信。

游泳运动员——蒋裕燕

主要荣誉

2023 年入选 2023 年度"最美浙江人·浙江骄傲"候选人名单

2022 年荣获第 26 届"中国青年五四奖章"

2021 年被中华全国总工会授予"全国五一劳动奖章"

2021 年被共青团中央授予"全国优秀共青团员"称号

主要成就

2024 年巴黎残奥会（第 17 届夏季残疾人奥林匹克运动会）获 7 枚金牌，并多次打破世界纪录

2023 年杭州第 4 届亚洲残疾人运动会获 7 枚金牌、1 枚铜牌

2021 年全国第 11 届残疾人运动会暨第 8 届特殊奥林匹克运动会获 9 枚金牌

参与社会活动

2024 年 9 月 8 日，担任巴黎残奥会闭幕式中国体育代表团旗手

2023 年 10 月 28 日，担任杭州第 4 届亚洲残疾人运动会闭幕式中国体育代表团旗手

2023 年 9 月 11 日，作为火炬手，参与杭州第 19 届亚运会绍兴站的火炬传递

请您自我介绍一下。

我叫蒋裕燕，2004 年 11 月 2 日，在浙江绍兴越城区富盛镇出生。

据我所知，您是因为车祸失去了右臂与右腿，受伤后您的生活遇到过哪些障碍和困难？

在我 3 岁 7 个月时，生活跟我开了个不小的玩笑，一场车祸让我失去了右臂和右腿。小的时候，我其实没觉得自己跟别人有啥不一样，周围都是身体健全的朋友，自己没怎么照过镜子，一直以为自己和其他孩子一样。尽管偶尔有些小朋友看到我会害怕，但值得庆幸的是，我的老师和同学们从没拿特别的眼光看我。

因为发生事故时我还很小，还没学会基本的生活技能，比如写字、穿衣、吃饭，这些都是后来自己一点点用左手摸索出来的。说起来，这些日常对我来讲，其实没有构成太大的障碍。幼儿园时，园长担心我会出什么意外，提议让我去特殊教育学校。但我的妈妈，她觉得我和别的孩子没什么区别，坚持说我可以自己搞定一切。所以，他们就商量了个办法，让我先试读一个月，如果真不合适，再考虑去特殊教育学校的事情。结果，一个月过去了，我适应得挺好，能跟上大家的节奏，也能照料好自己。于是，我就和那些身体健全的孩子一起上课了。老师们特别关照我，同学们也都愿意帮我一把，我们相处得相当融洽。

我真的非常感谢妈妈，她就像是我人生的灯塔，虽然她学历不高，但她做的每个决定都是对的。小时候，我在农村和爷爷奶奶一起生活，车祸之后，妈妈觉得在农村里我可能会被人瞧不起，所以她和爸爸商量，决定在绍兴城区买房子。之后我就转到城里念书了。换了环境后，我的同学也变了，他们对我特别照顾，我再也没有受到过歧视。

您走上游泳这条路的契机是什么？

在我出事故后，妈妈决定不再工作，陪伴我成长。由于我只有一侧肢体，小时候走路姿势不正确导致脊柱侧弯，身体状况也不太好。当时妈妈很担心，她觉得游泳是一项很好的全身运动，希望我通过运动来提高身体素质。当她问我是否想要学游泳时，我非常期待，因为我觉得夏天玩水非常有趣。但我们当时都没想到，后来我竟然成为一名专业的游泳运动员。游泳也成为我的保护神，缓解了病痛对我的折磨。从 7 岁到 12 岁，我的身体增长得太快，而休眠的肌肉和皮肤无法跟上截肢处骨骼的生长速度，骨头裸露在外，容易感染，所以我需要去医院接受锯骨手术。当麻药失效时，疼痛感也会随之袭来。当我开始练习游泳后，肌肉变得发达起来，骨骼便不再突出，我也不再需要手术了。

2012 年，当时 8 岁的我开始学习游泳。我在绍兴的一个普通暑假训练班和十几名健全小朋友一起上课。其他的孩子都从蛙泳开始学起，而我首先要解决的是在水里的平衡问题。刚开始的时候，我呛了不少水，因为害怕发生危险，妈妈总是全程陪伴在我身边，随时准备"捞起"我。我第一次下水时，水深才 1 米，然而我的脚却突然打滑，直接沉到了泳池底部。幸好教练发现我不对劲，眼疾手快地把我捞了上来。我选择的第一个项目是自由泳，但是游出去之后我不知道怎么停下来，没有办法从一个趴着的姿势转变成一个直立的姿势。后来单永刚教练教了我一个小窍门，他把他的钥匙串扔到泳池里，让我捡起来之后再站起来。一开始我怎么都潜不下去，感觉钥匙明明就在眼前，但是我怎么都抓不到。喝了好多泳池里的水，终于能捡起钥匙了。5 米、10 米、15 米，每次捡到钥匙，我感觉就像钓到了一条大鱼，后来也就自然而然学会了怎么控制自己的身体在水里的位置。我觉得自己也像一条鱼，在水中快乐地冲浪，鱼有一条尾巴，我也只有一条腿。在水中，我不需要假肢、拐杖，我可以靠自己的力量决定前进的方向。

您参加过许多比赛，能讲一讲这些比赛背后的故事吗？您又是如何一步步走上专业运动员的道路的？

2013 年，我第一次站上赛场，是和健全小伙伴们一起比的。虽然知道自己可能比不过，但那次，因为第一名违规，我一下成了第二名，拿着奖牌的我心里很激动。

到了 2014 年的夏天，我 10 岁了。浙江省第 9 届残疾人运动会是我参加的第一个残疾人运动会。我那时候一心想要拿金牌，结果获得了女子 S6 级 50 米和 100 米自由泳第二名，心里不免有点失落，但我也在心里对自己说，回去得更拼，得练得更狠。那次比赛之后，省队的领导和教练看中了我，想让我去省队，可妈妈觉得我太小了，不太乐意。毕竟去省队，就代表着要独立，什么都得自己来，而且我那时候还在上小学三年级，很多东西都还没学会呢。就这样，我还是继续在原来的体校，和健全的孩子们一起练游泳。每天放学，不管刮风下雨，妈妈都会送我去训练，就算第二天有考试，她也不会让我落下训练。那时候，妈妈比我还要坚强，她一直在给我加油鼓劲。我是白天上学，放学了接着去训练，回家了还会继续练。

时间一晃，到了 2017 年，我 13 岁了，妈妈和我都觉得，要是再不去省队，可能就来不及了，毕竟省队是通往更高舞台的跳板。那时候我学习成绩还不错，但是去省队就意味着很难兼顾学习和游泳。我爸爸更想让我安心念书，可我妈妈觉得，可以去试试。毕竟我从一年级就开始游泳了，妈妈觉得我可能在游泳方面能有出息。最后，妈妈让我自己拿主意，我想了想，说想去试试，就这么决定了。

2018 年 2 月，我加入省队，从绍兴到了杭州，开始过上了真正的运动员生活。刚去的时候，我天真地想，白天训练，晚上自己学习，后来才发现，根本不是那么回事，累了一天，哪还有精力学习。而且，因为训练，我错过了好多学校的活动，开学典礼、毕业典礼，还有学校的运动会、成人礼，这些特别的日子我都没能参与。有时候练得多了，我就想，能去上学也是一种幸福，可那些时光，过去了就回不来了。

刚进省队那会儿，妈妈不放心，正好队里缺人手，妈妈就过来帮忙，一帮就是两年多。到了 2020 年，家里更需要她，妈妈也觉得我能照顾自己了，她才回去。妈妈回家后，我开始自己打理一切。在省队，我进步飞快，因为那边的训练更专业，更适合我们残疾人。教练对我特别严格，有时候我做得不够好，会被罚。训练量加大后，我虽然累，但我确实在比赛中取得了更多好成绩。

2017 年的全国残疾人游泳锦标赛，我一鼓作气，拿下了女子青年组 S6 级 50 米蝶泳、50 米自由泳，还有女子组 4×100 米自由泳、4×100 米混合泳的冠军。其实，赛前我没做特别准备，主要是调整心态，让自己放松，结果却出乎意料地好。教练都说，没想到我进步这么快，我自己也挺惊喜的。

后来从杭州到北京，我开始了在国家队训练的生活。在那里，既没有家人的陪伴，也没有熟悉的队友。与省队相比，国家队的氛围更紧张，训练也更加紧凑。每天训练一结束，孤独和疲惫就从我的四面八方袭来。那时候，爸妈的电话就是我坚持下去的勇气，当时我每天晚上都要和他们打电话，从吃完晚饭开始，一直打到睡觉。我们在电话里也不怎么说话，就把手机放在旁边，无声地陪伴彼此。

2018 年 10 月 10 日，我在雅加达亚残运会上拿到了 S7 级 50 米蝶泳（S2 到 S7 合并）、100 米自由泳 S6 级和 50 米自由泳 S6 级 3 枚金牌。最开始，我在 100 米仰泳项目的比赛中只拿了第四名，这个成绩没有我平时训练的成绩好，因此，我很遗憾没能站上领奖台，特别是知道我跟第三名的成绩差距不大之后，训练和孤独带来的委屈瞬间涌出，于是我就偷偷躲起来哭。但 100 米仰泳比赛后还有 50 米仰泳的比赛，我只能尽快调整情绪继续比赛。参加完仰泳比赛后我也明白了，我没拿奖牌是因为自己训练没到位，我的出发和转身的细节在比赛前都没怎么练习，所以在比赛的时候，我没做好这些动作，只拿了第四名。知道自己游得不好了之后，我就开始反思，找到自己的不足，比完赛之后就疯狂练，直到 2019 年，我的仰泳成绩缩短了整整 5 秒。

2021 年 8 月 25 日，我去东京参加第 16 届夏季残奥会。那个时候我已经大概清楚自己的成绩了，但不是特别了解对手的成绩，怕对手游得更快，所以在女子 50 米蝶泳 S6 级的预赛的时候就已经开始疯狂猛冲，冲出去之后发现自己和对手之间的距离较长。最后，我以34秒56的成绩打破了世界纪录。虽然决赛的时候我也冲刺了，但是决赛的成绩还是没有预赛的成绩好。

　　那个时候虽然很累，但是感觉每天都过得很充实。因为新冠疫情，我们封闭培训了两年，打下了很深厚的基础。之后在东京残奥会女子400米自由泳S6级决赛中，我游出了5分04秒57的成绩，把世界纪录提高了近8秒。我当时大脑一片空白，不知道怎么就游得这么快了。因为400米的距离对我们来说已经算很长了，有8个50米，也就是需要游8趟。我游到第6个50米时，还是处在落后的位置。我与第一名和第二名的差距非常小，但那个时候我也不知道为什么，虽然差距那么小也不急，只有一种莫名的自信，感觉自己会赢。到最后一个50米的时候我就全力冲刺，拉开了和对手的距离，最后比世界纪录快了近8秒，自己觉得又惊又喜，不过现在我的训练已经达不到那时候的状态了。当时参加400米自由泳S6级比赛我心里还挺没底的，可能也是因为那时候自己还没有站上最顶峰，所以什么都不怕，只管埋头游。但现在感觉自己站到顶峰的时候会害怕被后面的选手超越，尽管我知道，在竞技体育中，自己的成绩总有一天会被超越，但是我也希望这一天没有那么快到来。

　　2021年10月23日，我在全国第11届残运会暨第8届特奥会获得了女子100米自由泳S6级比赛的金牌。因为我连续在两个大型比赛中的成绩都不错，妈妈就想在村里办酒席，希望和大家分享这份喜悦。我印象很深刻的是，当时主持人突然要让我上台讲两句，我觉得尴尬极了，我也不知道该对村里的叔叔、伯伯、阿姨说些什么，我那时候完全忘记自己是怎么走下台的了。后面还有人来找我合影，我觉得还挺不习惯的。我觉得我只是做好了自己在做的事情，然而在酒席上突然就变成了"别人家的孩子"。我觉得，运动员也是普通职业中的一种，因为它可以为国争光，所以带了一点神圣的意味。我至今仍记得站上领奖台时听到的掌声，那种有人欢呼的感觉让我确定了——我要站上更高的领奖台。

长时间的训练中和队友的关系怎么样？

我与有些队员相处的时间比与家人相处的时间还要久，每天24小时待在一起，在一起吃、住、训练。训练的时候还有很多话要说，以至于我们教练说，你们话是讲不完的吧，每天除了睡觉吃饭都在讲话，其实我们吃饭也在讲话。

我们队伍中，有不同残疾程度的队友，有些队友可能手脚不是很方便，这时候我们会互帮互助。虽然我们在年纪上有差距，但是我们像朋友一样。我们的关系比普通的同学要更亲密一点，因为和同学的相处时间也就3—6年，但是我和队友从小到大一直在一起。我跟我省队的室友是同龄，生日只差2个月。她10岁就进队了，我进队的时候就跟她住在一起，她性格非常好，以前小时候我们一起写作业，现在长大了也相处得非常好。

您几乎每场比赛都拿到了很好的成绩，您觉得与其他选手相比，您的优势是什么？

我觉得成为一名优秀的运动员，需要注重平时的训练，比赛时候更要注重调整心态。我的心态就挺好，能在比赛的时候把自己最好的水平发挥出来。我从小胆子就比较大，再加上从小到大积累了一些赛事经验，现在的心态基本稳定。我能开导自己，遇到强大的对手也不害怕，同时也不轻敌，这是我的优势。可能在其他人眼里，我有点天赋，但是我自己不这么认为。游泳的"水感"特别重要，但是我的水感算不上特别好。对水感好的人而言，他们就算3个月不下水，训练几天也能恢复到最好的水平，但是我就不行。我如果3天不下水，就没有水感。所以我就算放假回家，也会去以前的训练队里训练。

我的好成绩也跟很多因素相关。首先是选择。选择学游泳、选择进省队，因为选择，我才走上了这条路。其次是努力。跟我一起进队的队员，很多都已经不练了，我很庆幸自己坚持了下来，特别是在小时候成绩还没有那么突出的时候，也没有放弃。再次是一点点天赋。大家都很努力，但是冠军只有一个。最后是运气。其实比赛的时候运气也很重要。

在游泳这条路上能有这样的成就，我要感谢很多人。首先是我的家人，其次是我的教练，还有领导以及社会上的一些爱心人士，他们都是我人生道路上不可或缺的存在。我特别感激我妈妈，因为是她替我做了很多正确的决定，也在我最脆弱、最需要鼓励的时候一直陪伴在我身边。我还要特别感谢教练，给了我很多专业性的指导。因为教练给出的指导建议对于运动员来说是非常重要的，正是这些建议，对于成绩的提高有很大的帮助。

您觉得游泳对您来说意味着什么呢？您的梦想是什么？

游泳是我人生中很重要的一个部分。如果那个时候我没有遇到游泳，我现在还是一个普通的高中生，普普通通地上大学。游泳让我发现了自己更多的可能性，让我见到了更大的舞台，也让我被更多人看到，变得更加自信。在水里，我不需要借助任何辅助工具，就能决定我想去的方向，在水里的自由自在是我前行最大的动力。

现在，我考入了北京体育大学的残奥冠军班，我的目标就是拿更多的奖。以前我的梦想就是站上世界最高的领奖台，也就是残奥会的领奖台，这个梦想我在 2021 年已经实现了。梦想是一个很遥远的东西，光靠想象很难实现，所以我更喜欢定目标，有了目标就有更大的动力。我的目标还是希望能拿到更多的奖。

同时我也想对未来的自己说，请保持自己的初心。不能因为取得了成绩就自满，要脚踏实地，做好自己，过好每一天。因为一旦走下领奖台，一切成绩都将翻篇、归零。接下来，在杭州第 4 届亚残运会这场"家门口"的比赛中，我想做的是在家人、朋友的见证下，自己能站上领奖台，升国旗、奏国歌。

从运动员到省人民代表大会代表（下文简称"人大代表"），您拿过"全国优秀共青团员""中国青年五四奖章"等荣誉，您觉得这些荣誉对您来说意味着什么？

能成为省人大代表我很激动，但是当想到如何履职、如何传递民意时，又觉得自己肩负的责任很重。这些荣誉是对我的一种肯定，同时也是一份责任。这些奖项我还是受之有愧的。满 18 周岁了才能当选人大代表，往届的人大代表选拔工作在每年 10 月开始，去年推迟到 11 月。那时候我刚满 18 周岁，刚好被选上，所以能被选上也是运气使然。我目前只是在游泳这个领域做得比较好，但是在其他方面我做得还远远不够。这些奖项也督促着我变得更好，学习更多的知识。有了人大代表这样一重身份之后，我感觉自己的责任更重了，也希望自己能为残疾人和残疾人运动员多多发声。

作为一名残疾人运动员，我的建议也与残疾人有关。我有很多残疾朋友，有的人出行要坐轮椅，会遇到很多不便。因为现有的一些无障碍通道宽度不同、坡度过于陡峭，会对残疾人的出行造成不便。所以，我希望通过杭州亚运会、亚残运会的契机，全社会无障碍环境的打造能够得到重视。

2023 年政府工作报告也提到，要完成 1000 个重要的公共服务场所无障碍改造。其实无障碍环境建设得好不好，老年人、残疾人等有无障碍需求的使用者最有发言权。我希望建立工程项目竣工验收前无障碍试用体验制度，以提升无障碍环境建设的精细度，在验收这些工程前，可以让残疾人亲身去体验一下，再决定验收是否通过。

王李超

　　我希望残疾人事业能继续发展，以更多元、更全面的方式，帮助残疾人走出生活的困境，使他们更好地融入社会，享受平等和自由的生活。

游泳运动员——王李超

主要荣誉

2021 年被中华全国总工会授予"全国五一劳动奖章"

主要成就

2024 年巴黎残奥会（第 17 届夏季残疾人奥林匹克运动会）获 2 枚金牌、3 枚铜牌

2023 年杭州第 4 届亚洲残疾人运动会获 2 枚金牌、2 枚银牌、1 枚铜牌，并创造亚残运会纪录

2021 年全国第 11 届残疾人运动会暨第 8 届特殊奥林匹克运动会获 1 枚金牌、6 枚铜牌

2021 年东京残奥会（第 16 届夏季残疾人奥林匹克运动会）获 1 枚金牌、1 枚银牌、2 枚铜牌

2019 年世界残奥游泳公开赛（美国站）获 2 枚金牌，并 2 次打破世界纪录

您能否介绍一下自己，讲一讲您失去双臂的经过以及失去双臂所带来的困难？

我是杭州萧山人，出生于 1993 年。我 7 岁的时候由于贪玩，在和朋友们一起玩耍时触碰到了变压器，导致失去了双臂。我对那个时刻的记忆并不清晰，触电后立刻失去了知觉，等我醒来的时候，手术已经结束了，我处于迷糊的状态。失去双臂后，我在日常洗漱、吃饭和上厕所等方面遇到了许多困难。但在我最脆弱的时候，我的家人在我身边鼓励我，陪我度过了最艰难的时刻。他们带我去寻找有着相同经历的人，让我从他们的经验中学习，从他们的勇气中获得力量。在这个过程中，我受到了极大的鼓舞和启发。我开始尝试用脚完成日常的吃饭和写字等活动。尽管这样做很困难，但我坚持下来了，我告诉自己，不能让身体束缚我的人生。

在我受伤之前，我刚好完成了幼儿园的学习，准备迈入小学阶段。进入小学后，我的朋友们并没有因为我身体的变化而疏远我，他们依然与我保持着深厚的友谊。那时我的邻居们对我身体的变化有些惊讶，但他们还是选择接纳我、尊重我。我们在田野上奔跑，在乡间小路上玩耍，他们都愿意在我遇到困难时伸出援手。因此，尽管我失去了双臂，但这件事并没有给我的内心留下太大的阴影。当然，我必须承认，随着年龄的增长，我或多或少地遇到了一些困扰，但是通过游泳，我的内心变得更加坚韧，我学会了如何在逆境中坚持，如何在困难面前保持自信和乐观。

您能介绍一下您的家庭吗？

我家里有八口人，我父母，我和我妻子，我女儿，我姐姐，我姐夫和我外甥女。我的父母都是农民，主要种植苗木。他们每年会根据季节和市场需求进行种植。我和妻子是通过共同的朋友认识的，后来在一起玩游戏的过程中逐渐熟悉。我们刚认识的时候，我因为训练任务繁重，所以我们主要依赖于视频和语音通话交流。比赛结束后，我偶尔会向教练请假，这样我们才有几天的约会时间。

我们的女儿小名叫糯米。这个名字是我妻子起的，寓意是女儿能像糯米一样又白又可爱。她出生的时候我正在准备一场比赛，没办法请假，没有在家。我和妻子沟通过这个问题，她也理解我的工作。虽然这是一个遗憾，但我们都只好接受这个现实。

您可以讲述一下您学习游泳的契机和训练的过程吗？

我从 2007 年开始接触并学习游泳。这个机会是我们当地的残疾人联合会（下文简称"残联"）给我的，他们了解我的情况后联系了我的家人，提出让我试试学习游泳。起初，我家人对此充满担心，毕竟游泳对于残障人士来说非常危险。但残联工作人员的专业和耐心让他们放下了担心，家人最终决定让我试一试。刚开始的时候，我对水有着深深的恐惧，尤其是深水区，那里对我来说像是未知的世界。我的教练是个很有耐心的人，他让我先在婴儿泳池里适应水的感觉，在池子里自由玩耍。这种接触让我对水有了初步的认识。随后，教练亲自下水扶着我，让我在水中慢慢地尝试游泳。那时的水深大约 1.4

米，由于我没有双手，平衡感并不好，也无法依靠池壁，所以只要在水里走几步就可能摔倒、呛水。但在教练的耐心教导下，我终于学会了仰泳。

学会仰泳之后，看到其他人都在游自由泳，我心里痒痒的，想要试试看。当我第一次翻过身去，却发现自己完全不会游，直接沉入水底。我在水下挣扎，吞进了一大口水。幸运的是，教练立刻发现了我，及时地把我拉上岸。那时，我真的吓坏了，上岸后号啕大哭。教练耐心地安慰我，我才慢慢地从恐惧中走出来。尽管这次经历让我吓出了一身冷汗，但它也让我对水的恐惧有所减轻。因为我意识到，即使出现问题也可以解决，也有人会及时救助，我可以安全地尝试和学习游泳并取得进步。事实上，这次经历之后，我学习游泳的积极性明显提高了，我开始尝试学习蛙泳和其他泳姿，甚至还勇敢地游到了 2米深的泳区去。这一切都源于那次的失败，它让我更深入地理解了游泳，也让我更加坚定地走上了游泳的道路。

游泳的过程中，平衡是至关重要的。如果无法保持平衡，身体就会歪斜，这样会增加游泳者的阻力，从而导致游泳速度变慢。作为一个残障游泳运动员，我主要依赖腰部和腿部发力。因此，我需要通过专门的训练来增强我的核心力量，以确保我能在水中保持平衡。经过两个月的刻苦训练，我在人生中的第一场比赛中赢得了第一块金牌。这个成绩既让我受到了省队教练的关注，也让我获得了进入省队的机会。在进入省队前，我有两位教练，一位姓蔡，另一位姓王，他们对我影响很大，但我进省队后，我们的交流就逐渐减少了。每次我进入一个新的环境，都会有新的教练。

进入省队后，尽管在训练中我成绩很好，但我在参加全国锦标赛时却感到了前所未有的压力。我原以为自己已经取得了一定的进步，甚至有点自我膨胀，但是当我在全国总决赛中看到其他选手的表现时，我才意识到自己和他们的差距相当大。那一刻，我有一种想要放弃的念头。幸运的是，我的教练耐心地安慰我，告诉我这些都是成长过程中的正常现象。他和我说："只要你继续努力，总有一天，你也能达到他们的水平，甚至超越他们。"这些话鼓励着我，给了我力量和信心。虽然前进道路上充满了挑战，但我明白只有通过努力和坚持，才能够实现自己的梦想。

您可以讲述一下您的比赛经历与运动员生涯吗？

我的游泳生涯是从一场在杭州举行的青少年比赛开始的，那时我才十五六岁。在那次比赛中，我一路过关斩将，拿到了人生的第一块金牌。那个瞬间，我感觉仿佛是在梦中，那是我从未有过的体验。我的心中充满了自豪，那不仅是一块金牌，还是对自己的肯定，更是对我父母的回报。它代表了我付出的努力和汗水，也给了我对未来的期待和信心。我当时获得了300元的奖金，虽然这笔钱对于其他人来说可能并不多，但对我来说有着特别的意义。我把这笔钱全部给了父母。因为我们家并不富裕，我想把奖金交给他们。

那场比赛，我的父母也来到了现场，看我拿到了人生的第一个冠军。他们的眼神和笑容充满了骄傲和欣慰。他们可能也没想到，在短短几个月的训练后，我能取得这样好的成绩。我能理解他们最初对我参加游泳训练的担忧和恐惧。每次我下水训练时，他们总是害怕我会发生什么意外。尤其是刚开始学游泳的时候，他们每隔几天就会从农村赶到市区的训练基地来看我，以确保我一切都好。但随着我在游泳上取得了进步和一些成绩，他们逐渐放下了对我的担心。我知道，当他们看到我在水中游泳时，内心是多么欣慰。他们放下了心中的"石头"，全力支持我游泳。他们的支持和信任，也是我前行的动力。

2015年，我第一次参加的国际比赛，是在克罗地亚举行的一场公开赛。公开赛与锦标赛类似于积分赛，运动员需要先在公开赛中获得资格才能参加世界锦标赛（下文简称"世锦赛"）。一旦在世锦赛中也拿到了资格才可以参加奥运会[1]。公开赛像一个达标赛，看运动员的成绩是否可以满足下一级大型比赛的要求。一旦达到要求，就会在系统上记录运动员的成绩。当达到了奥运会的A标和B标后就有资格参加奥运会。要在比赛中胜出，需要艰苦训练和具备毅力。在参加克罗地亚公开赛前的准备期间，我并没有改变日常的训练模式，我知道只有通过日复一日的积累和练习，才能在比赛中展现出最好的状态。当时我们在省队的基地训练，每一位教练都根据每个运动员的实际情况，制订了最合适的训练计划。当我知道有这场比赛的消息后，热情被进一步点燃，因为这场比赛是一个可以提升自己、证明自己的平台。尽管赛场上的竞争十分残酷，但只要能走上奥运赛场，所有的努力都是值得的。我没有给自己设定过特别具体的目标，只是希望有机会参加奥运会。对于运动员来说，奥运会是一个圣地，它代表了竞技体育的最高荣誉。对我而言，能有机会参与奥运会，就已经是一种荣誉了。所以，在那个时候，我并没有过多的期待，我只是想要有机会参加，展现自己的实力，这就已经足够了。

2016年，我终于实现了自己的梦想，参加了里约残奥会。那是一个无比重要的时刻，我一直期待着在这样的大舞台上展示我的能

1　运动员口中简称的"奥运会"实为"残奥会"，本书对这一口头表述予以保留。

力。记得当我第一次站上赛场比赛时，我既兴奋又紧张，环顾四周，场馆内观众热情的气氛和身处聚光灯下的感觉让我大为震撼。那时候我感觉自己站在了世界的中心。然而，随着比赛开始，我的大脑突然一片空白。这是我第一次参加如此大规模的比赛，那份紧张感几乎掩盖了我所有其他的情绪。即使有经验丰富的教练和队友在旁边鼓励我，我还是觉得自己在独自面对这个挑战。

我参加的是男子50米蝶泳S6级比赛。在比赛前我并没有特别的期待，没有预料会获得什么名次，只是尽我所能去冲击好成绩。我的心态相对平和，因为我知道无论取得什么名次我都可以接受。然而，当我知道自己获得铜牌的时候，我非常开心。毕竟，第一次参加奥运会就能站上领奖台，对我来说已经是一个了不起的成绩了。那一刻，我感觉到所有的艰苦训练都是值得的。那枚铜牌成为我职业生涯中的一个重要的标志，我会珍藏这份荣誉，并带着这份荣誉，在接下来的日子里努力训练，向更高的目标出发。

2019年对我来说是一段无比辉煌的时光，因为在这一年中我3次打破了世界纪录。在4月的世界残奥游泳公开赛美国站，我刷新了男子S6级50米仰泳和蝶泳项目的世界纪录。接着，在全国第10届残运会游泳比赛男子50米仰泳S5级决赛中，我再次创造了历史，打破了世界纪录。我认为，我能够连续打破这些纪录的原因主要有两个。首先，我在前几年的时间里一直坚持努力训练，付出了大量的汗水和努力。其次，那个时期我所在级别的一些规则发生了变化，这些变化可能对我产生了有利的影响。因此在那一年，我感觉自己处于职业生涯的巅峰状态。国际残疾人奥林匹克委员会（International Paralympic Committee，IPC）会不定期地进行残疾程度的评估，因为每个残疾人的残疾程度都是不同的。我原来是在S6级别比赛，但是评估团队认为，我在这个级别中可能处于弱势。因此，他们决定将我的分级调整至更严重的残疾程度，就是S5级别。在残疾人游泳的级别划分中，级别数越高，身体残疾程度越轻；级别数越低，残疾程度越重。这意味着残疾程度较轻的运动员通常游得更快，而残疾程度较重的运动员通常游得较慢。因此，通过这次调整，我处于S5级别，被重新分到一个残疾程度相对较重的级别，我的竞争对手们相较于我的身体条件通常较差，这让我在比赛中取得了优势。打破这些纪录后，我信心满满，更加期待向更高的目标努力。在2020年东京残奥会上好好发挥是我当时的下一个目标，我的目标是获得更多的金牌。我知道这是一个巨大的挑战，但是我已经做好了准备，只为在当时那个全球最大的残奥会舞台上，为国家赢得更多的荣誉。

受新冠疫情影响，原定于2020年举行的东京残奥会延期了1年。自2019年底以来，我们便开始在训练基地进行封闭式训练。比赛延期的消息让我非常无奈，因为那时我已经备战了很长一段时间，心理和身体都在为那个原定的比赛时间点做准备。在接受了这个事实后，大家休息了一段时间，从2020年5月，一直到2021年残奥会，我们都在进行封闭式训练。严格的封闭式训练能让我更加专注于训练和比赛。然而在生活方面，长时间无法与家人团聚却让我有些烦躁。在那段时间，我只能通过打电话或视频通话与家人保持联系。在训练营中，我们的生活非常有规律，每天都在基地训练，训练相当枯燥。我每天早上七点起床，在游泳馆待到中午十一点半。午餐和短暂的休息过后，两点半再起床继续训练，直到五点半。然后就是晚餐和休息时间，有时候晚上我会和队友们一起玩一些游戏，帮助放松心情。

2021 年的东京残奥会终于开始了，我的心情并没有像第一次参加大型比赛时那样激动，因为我有足够的信心参加这次比赛，所以我的心态更加从容。在 100 米自由泳比赛中，我的对手由于用手提前碰壁拿到了冠军。但当时我和对手的泳道距离较远，我没有看到他的动作。在比赛中，我并没有感受到太大的压力，我只知道自己要全力以赴，并没有过多考虑自己能拿什么名次，因为 100 米自由泳并不是我最擅长的项目。但当他们告诉我，我获得了银牌时，我还是非常开心，毕竟这是我辛苦训练的成果。而在 50 米蝶泳的比赛中，我们中国队包揽了全部的奖牌，三面国旗都升起来了。在 S5 级别的项目上，我们中国队一直有较强的优势，在国际赛事中经常能够取得优异的成绩。这种场景在我之前参加的里约残奥会上也出现过，所以我并没有特别意外。但每次看到国旗升起，我都会感到无比激动。我们的这些成绩都离不开国家的支持和培养。近几年来，国家出台的关于残疾人的政策越来越多，也对我们越来越有利。这种政策的支持不仅体现在经济上，还体现在精神上，给了我们更多的自信和勇气去面对比赛和生活的挑战。对此，我对国家的感激之情无法用言语表达。

您目前的训练状态和训练强度怎么样？

我现在的主要任务是准备即将到来的世界锦标赛。作为队伍中的"老将"，教练也在适当降低我的训练强度和运动量。由于年龄的增长和疾病，我的身体不太能够承受过大的训练压力，我更多的是以恢复和保持一定的运动量和训练强度为主，这在我这一阶段尤为重要。但因为我有一段时间没有进行系统的训练，所以恢复的过程比较缓慢。无论是体能训练还是力量训练，我都需要以渐进的方式进行。

我需要通过有氧训练逐步提高运动量和强度。

然而，我游泳的主要发力点在腰部和腿部，而这两个部位也恰好存在一些问题。腰部因长期过度使用而产生劳损，劳损会让肌肉感到酸痛，特别是在进行高强度训练的时候，痛感会更为明显。腿部则因为膝盖的磨损和积液而导致不适，膝盖的积液虽然可以通过外部治疗进行缓解，但有时候疼痛的感觉会很强烈，甚至让我无法弯曲腿部。这些伤病都可能成为潜在的威胁，影响我在高强度训练时的发挥，导致我无法达到预期的训练效果，甚至可能使我的整体水平有所下滑。训练完成后，我会感到受伤的部位更为酸痛，需要进行一系列的治疗。随着年龄的增长，我的恢复速度也不如年轻时那么快了，我需要更长的时间来调整。比如腰肌劳损这种情况基本无法治愈，只能通过按摩、推拿、理疗等方式来缓解疼痛、放松肌肉。因此，我基本上每天需要进行这类治疗。这种身体的调整和恢复同样是训练的一部分，是我们能在赛场上全力以赴的重要保障。

您觉得游泳给您的生活带来了什么样的变化呢？您在参与体育事业中有何收获、做出了哪些牺牲？

游泳给我的生活带来的转变是多方面的。在精神生活方面，最直观的就是，游泳给了我自信。我参加了各种规模的比赛，站在更宽阔的赛场上展示自己，这份自信也随着每一次比赛的胜利而不断累积，让我变得越来越坚强和坚定。在物质生活方面，国家的扶持和奖励保障了我基本的生活需求。奖金标准是按照国家政策设定的，每年或每次的具体数额都可能有所不同。这些都是由明确的文件和规章制度规定的。

　　我的体育生涯也让我有了丰富的收获。首先，这项运动成了我收入的主要来源，给我提供了稳定的收入。其次，我对体育领域的知识和技巧有了更深的理解。有了好成绩，也有了进一步提升自己的机会，进而可以进入大学深造，掌握更多的体育知识，甚至有朝一日成为一名优秀的教练。在参加国内和国际比赛的过程中，我收获了许多荣誉和奖牌，这些都是对我多年努力和坚持的最好的肯定，所有的艰辛和努力都得到了回报。

　　游泳是一项需要每日训练并持之以恒的运动，提高自己的成绩需要付出大量的努力和时间，所以每一次的突破都让我深切地感受到所有的付出和努力都是值得的。当然，运动员是一个既辛苦又有价值的职业。运动员不仅可以提升自己的技能，还有机会在比赛中代表自己的国家赢得荣誉。我对自己的运动员生涯感到非常满意，我付出了，也收获了。

您是怎么平衡家庭与体育事业的呢？

　　作为一名专业运动员，如果我在队伍里集中训练，往往需要很长一段时间才能和家人团聚，这种情况很大程度上是因为要为大型赛事做准备。在没有任何赛事的情况下，我可以有更多的休息时间，也就有机会回家陪伴家人。然而当有大型比赛或者其他重要活动时，我必须将精力集中在训练和比赛中。这样，我一年回家的次数就会相应减少。通常情况下，我会在完成所有比赛后，再安排时间回家。即使短期内无法回家，我也会抓紧一切空闲时间通过电话或者视频通话与家人保持联系。尽管我不能常常陪伴在他们身边，我的家人并没有对此表示抱怨。他们了解我的工作性质，明白我在体育事业上的努力和付出，因此他们非常支持我。他们始终相信我，认为我能够在体育领域取得更大的成就，这种深深的信任和支持是我在训练中无限的动力。

我和家人经常会分享彼此的生活，无论是我在运动场上的进步，还是他们的生活点滴。这种沟通让我能够在训练和比赛中放下心里的负担，全力以赴。因此，即使我不能经常回家，我们之间也没有出现大的问题。我常常感到自己十分幸运，因为我有这么一个理解和支持我的家庭。

您目前在体育事业中有什么目标？对于未来有什么规划？

目前，我的主要目标是能在杭州第4届亚残运会上站上领奖台。这次的赛事具有特殊意义，因为它将在我的家乡举行。对我来说，我希望能在这个熟悉的舞台上全力展示自己，为家乡带来荣誉。关于未来，我并没有过多规划。我会基于自己的身体状况以及运动成绩来判断我是否应该继续留在竞技体育的道路上。虽然目前我还没有认真考虑过退役的问题，但我知道，这是我无法回避的一个话题。再过一两年，我会认真考虑自己的退役计划。

2024年我将会参加两个重要的比赛。如果无法达到进入队伍的要求，那我就需要认真地考虑退役的问题了。我对退役后的生活有自己的期待，我希望在那时，国家或者政府能够给我安排一份稳定的工作，让我有机会继续为国家和社会贡献自己的一份力量。像我这样的运动员由于身体情况特殊，可能并不适应外面的工作环境，因此，找到一份稳定的工作非常重要。我希望我能在新的环境中找到适合自己的位置，继续为这个社会做出自己的贡献。

除了游泳以外，您还有什么别的爱好吗？

目前，我的重心主要集中在学业上。我正在北京体育大学上学，方向是运动训练。我的课程设计包括所有相关的体育运动训练、运动康复等，目的是让我对体育技术和理论有更深入的认识和理解。这种专业知识的积累让我在赛场上更有底气，同时也给我未来的职业规划打下了一定基础。我们的班级中，所有课程的核心都围绕着体育展开。因我们班级人数较少，教学模式和课程安排也很灵活。如果我有比赛任务，学校会允许我在线上参加课程，无须在教室，这种灵活的学习方式使我能够更好地平衡学业和运动。

在学习和训练之余，我也会抽出时间放松自己。我喜欢打游戏，这是我从小就有的爱好。当我沉浸在游戏的世界中时，我可以暂时忘记压力，享受游戏带给我的乐趣。我尤其喜欢和爱人或朋友们一起玩游戏，因为那种团队合作的感觉使我特别快乐。总的来说，虽然我是一名专业运动员，但我还是会努力平衡学业、训练和个人生活。无论是在学习中提升自己，还是在游戏中寻找乐趣，我都会尽力过好每一个瞬间，使我的生活更加精彩。

您觉得杭州现在的无障碍环境怎么样？

我对杭州当前的无障碍环境感到非常满意。2023 年年中我回过一趟老家，那时候我坐地铁，深深感受到了无障碍环境带来的便利。无论是楼梯的扶手，还是坡道设计，还有电梯的设置，都非常注重实用性，极大地方便了我们的出行。另外，我发现地铁车厢内部也特别注重无障碍设计，比如设有残疾人专座、防滑地板、指导性标签和通告等，都让我们感受到自己被尊重。即使是视觉或听力有所减退的人群，也能通过清晰的标识和声音导航得到引导，确保安全出行。这些设计让我感觉杭州的无障碍环境已经做得非常好，很大程度上提升了我们的生活质量。

您有什么话想对全国的残疾朋友说的吗？

我希望残疾人事业能继续发展，以更多元、更全面的方式，帮助残疾人走出生活的困境，使他们更好地融入社会，享受平等和自由的生活。同时，我也期望全国的残疾朋友能够有更多的机会参与社会活动，不论是文化、艺术、体育事业，还是日常工作。

此外，我还期待我国能出台更多有利于残疾人的政策，无论是在法律保护、就业援助，还是教育资源等方面，都能有更全面和深入的考虑和规划。只有这样，残疾人才能真正地获得平等权利，才有更好的生活。

杨博尊

只要你真的热爱这一行，即使从事这一行在别人看来很辛苦，你也会觉得很值得。

游泳运动员——杨博尊

主要荣誉

2008 年被中华全国总工会授予"全国五一劳动奖章"

2008 年获得"中国青年五四奖章"，被授予"全国优秀运动员""全国先进个人"等称号

主要成就

2024 年巴黎残奥会（第 17 届夏季残疾人奥林匹克运动会）获 1 枚银牌

2023 年杭州第 4 届亚洲残疾人运动会获 2 枚金牌、3 枚铜牌

2021 年全国第 11 届残疾人运动会暨第 8 届特殊奥林匹克运动会获 5 枚金牌、1 枚银牌

2021 年东京残奥会（第 16 届夏季残疾人奥林匹克运动会）获 2 枚铜牌

2016 年里约残奥会（第 15 届夏季残疾人奥林匹克运动会）获 1 枚金牌，并再次刷新自己保持的世界纪录，另获 1 枚银牌、1 枚铜牌

2012 年伦敦残奥会（第 14 届夏季残疾人奥林匹克运动会）获 2 枚金牌，并打破 1 项世界纪录

2008 年北京残奥会（第 13 届夏季残疾人奥林匹克运动会）获 1 枚金牌、3 枚银牌

另外，获得世界锦标赛等其他赛事数十枚奖牌

首先，能否请您自我介绍一下？

我叫杨博尊，1986 年 3 月 26 日在天津出生。

您能给我们简单介绍一下残疾人游泳这个项目吗？

残疾人游泳项目包括了三大类：第一类是身体功能障碍；第二类是视力障碍；第三类是智力障碍。身体功能障碍是从 S1 级到 S10 级，由重到轻分级，S1 级是最重的。视力障碍分为 S11 级、S12 级、S13 级三个级别，S11 级是全盲的，S12 级盲的程度稍微轻一些，S13 级是最轻的。智力障碍是 S14 级。我参加的是 S11 级全盲的游泳比赛，从年轻时候到现在，基本上参与过所有的项目，包括蝶泳、蛙泳、混合泳。现在参与更多的是短距离项目，50 米自由泳和 100 米蛙泳。

在具体的比赛中如果视力残疾运动员游进别人的泳道，会不会有人员进行帮助，或者有什么相关规定？

如果视力残疾运动员游到别人的泳道，这个行为属于犯规，所以运动员要注重在训练中保持自己身体的平衡。视力障碍运动员的出发端、终点端和转身端都有一个教练用提示棒击打运动员的身体某个部位，提示运动员还有一个动作要转身或到边，以防运动员撞到池边。

游泳队选拔机制是什么？

一是国内每年都举办一些比赛，一方面就是看老运动员的身体状态，另一方面看看有没有新人。二是梯队建设，各省都有自己的运动员培养机制，之后运动员可能会参加全国性的比赛。通过选拔的运动员再进入国家队。三是世界性的比赛，如什么运动员能够参加世锦赛呢？排在世界前六名，并且近两年成绩最好的运动员才能参加这次世锦赛。其实每一次选拔的标准都不太一样，奥运会、亚运会的选拔标准不一样，所以每一次我们能拿到的入场名额都不一样。比方这次世锦赛名额只有这些，杭州亚残运会的名额可能会多一些，能扩大一些范围，但原则上都是择优选拔。

在日常的训练中，教练主要为你们提供哪些帮助？

现在的教练更加关注训练中的一些问题，因为现在注重专业化训练，教练的专业分工很细。以前的教练可能也会稍微懂一些身体疼痛方面的治疗，但是现在，有队医和专业的按摩师帮助运动员放松肌肉，生病可以去医务室，比赛之前也有心理医生疏导，各方面的专业人员都有。出国比赛前，我们也会学习一些课程，比如礼仪课等。我们的教练更专注于训练方面，包括训练计划的制订，以及如何在训练场上完成训练计划。

对于不同的残疾、不同的性别、不同的年龄，教练都会制订针对性的计划，教练可能会把所有精力都投在训练场上。如果有 6 名运动员，那么每名运动员的训练计划、训练强度、针对性的力量练习都会不一样。跟我同屋住的运动员失去了双手，所以训练计划会集中在对他下肢力量的练习上，特别是腰腹和腿部的力量练习。对于我来说，我还得结合上肢的练习。此外，我还有很多有氧练习，其实就是减肥。我们的练习针对性很强，每个人都是不一样的。

在减肥方面，会安排不同的训练餐吗？您的训练餐都包括什么？

其实我们平时也会学习关于营养方面的知识，但其实吃东西更多靠自觉。比方说课上讲了应该吃什么，不应该吃什么，但是你到食堂，有的时候控制不住自己，有的时候长期训练会带来心理上的压抑，需要靠美食来舒缓心情。

您平时和队友是怎样交流和互助的？

这个分年龄段，我年轻的时候，大家在一起交流的都是年轻人的事，现在我年龄大了，跟我同屋的人是 2001 年出生的，我们主要交流训练方面的事情，或者说食堂里的哪个菜好吃。我不爱打游戏，比较喜欢看书。而有些年轻人不喜欢看书，所以交流会少一些。

互助方面，还是拿我现在的室友举例，因为室友没有双手，他如果需要穿泳裤，我会帮他穿。如果我要去训练场，我会扶着他肩膀，我们俩一起行动。还有，前两天北京下暴雨，我们训练的时候，他无法撑雨伞，这时候我就会撑伞，一起走到训练场。

除了运动员自身的努力以外，国家和政府对游泳项目的支持有哪些？

小的时候，我其实是在健全人队中训练，后来 19 岁眼睛失明了，就加入了残疾人队。就我个人来说，其实现在残疾人的训练、后勤条件以及器材的科学程度等方面的投入更加专业。这些年体育的发展离不开国家的投入和支持。

体育确实是一个持续发展与革新的领域。即便在某个时刻达到了顶尖水平，这个领域的进步也不会停滞。例如，在我小时候进行训练时，即使是针对健全人的队伍，最好的训练设备也仅仅是一些简单的铁制器材。随着科技的发展，出现了更多能够针对性地提升人体特定肌肉群力量，并且更好地保障运动员安全的训练工具。随后，训练设备更加科学化，具有更强的针对性。如今，我们拥有的训练器械已经十分专业，但可以预见的是，未来这些器械还将继续经历升级与改良。

您的失明是什么造成的？

它是一件突然间的事，医学的解释是突发性青光眼。当时我眼睛经常发炎，突然间，絮状沉淀物堵住了眼睛的出水口，我的眼睛开始干涩，眼睛里有血丝，眼压突然升高，当时超过几个小时眼压都降不下来，造成了视神经的损伤，所以一下子失明了。虽然眼球没坏，但就是看不见了。

您失明后，学业受到了怎样的影响？

其实眼睛看不到之后，生活就得改变了。眼睛看不到后，我无法像以前一样学习，我就申请了休学。我的学校是天津市第二南开中学，2023 年是学校建校百年校庆，学校还邀请我去讲课。在天津第二南开中学的留档里，我还是高中肄业的状态。我当时学习挺好的，如果参加高考可能会考上"985""211"院校。

没有经历过的人，会觉得眼睛看不见多么痛苦，但其实也不一定，人一旦处于困境就会想着怎样能让自己变得更好。当时最难受的事，是什么事都不会做了，不会走路，吃东西也很困难。因为这些都需要依靠眼睛，现在只能小心翼翼地去摸。有的时候不小心把东西打碎了，或者走路的时候"哐当"撞上了，这种感觉特别难受，找不到自己的方向，也不知道自己应该怎么生活。

当时您的同学、朋友是怎么看待您的变故的？他们和您的相处方式有发生变化吗？

我当时不敢和我同学有任何联络，连QQ号都不登录了。怕别人万一说什么让我触景生情。那时候还不像现在能拿手机看书什么的，有时候家里人帮我读报纸。我刻意回避毕业、考大学这些事，刻意不听《那些花儿》这种歌，跟同学也不联系。有了成绩之后，我跟同学们又都联系上了，通过人人网、校园网慢慢联系上了。同学们都说，哎呀那时候你怎么不说话呀？反正当时也是年轻，怕自己心里承受不住。

家人、朋友是如何帮助您的？

当时亲戚聚会，我不愿意参加。我要不去的话，我爸会在家陪我读书，比如他读乐谱，我来弹吉他，或者他读报纸上一些新闻，我们一起评论时事。当时感觉发表一些自己的观点会让自己有一种参与感。我爸还会给我读一些书，比如路遥的《平凡的世界》。其实，有时候，家人的陪伴和对社会的参与感让我备受鼓舞，并潜移默化地让我思考如何拯救自己。

您当时家里有几口人？父母都做什么工作？

我们家三口人，父母都在国企工作。父母都是单位里的领导，当时我出这事之后，我妈就去了一个不太忙的部门，就为平时给我做饭，陪我。我爸基本上也退居二线，也是为了陪我，没事儿带我出去溜达、晒太阳。另外，我爸觉得我应该到处走走，听人说话。那个时候我跟我爸特别不喜欢坐公交车，不管多远的路，我们都走着去，太累就打车。我当时最难受的就是上公交车有人给我让座，受大家关注的这种感觉让我特别难受。

您的家人对您的学业有什么期望吗？

我小时候练游泳，父母没有特别管我，在学习方面也算是散养，不是特别严厉。我上初二之前，学习成绩都很一般，父母对我的要求也不是特别高，但是我考好了就会给我奖励，比如奖励我一双篮球鞋。学生时代也不熬夜，晚上9点多想睡觉了就睡觉，想看电视就看电视，写完作业之后就靠自觉。小时候的梦想就是当特种兵，后来又想当科学家，但其实都是不切实际的。快上大学的时候，我才开始对自己的人生有了规划，这也是因为自己当时学习并不差。我上高二的时候就已经得过全国奥数的冠军了，可以保送到天津师范大学，但是我没去。高中时，我更多想享受高中生活，也没有想过未来会怎样，或考哪所大学或考哪个专业，从事什么工作，这些还没仔细想过。当然我家庭条件也不错，所以没有那种想改变命运的想法，就是想快快乐乐的，想怎么扣篮，看哪本漫画这些事。

您之前是一个有很多爱好的人吗?

我父母都是参加上山下乡运动后回来的知青,回城之后就上大学,小时候,他们很注重对我的培养,那时候我就学下棋、学乐器、学游泳。我 11 岁的时候,那是 1997 年,第一次在内蒙古参加全国少儿游泳锦标赛,当时拿了全国冠军。但那时候训练特别累,我练到 13 岁的时候就不想练了。当时我在天津专业游泳队,还拿着补贴,我从 12 岁就开始拿补贴。我算是最优秀的那类运动员,没上体校、预科班,直接就进入游泳队了。但我那时真的练得有点烦,就不想练了,我父母也没怎么说我。因为小时候更多时间是在练游泳,我上初一的时候好多东西都听不懂,几何只知道三角形,二次根式都听不明白,有些公式听了半天也听不懂。后来初二的时候,我把小学一年级到六年级的知识重新学了一遍,成绩才慢慢好起来。

您中学阶段喜欢哪些学科?

我那时候最喜欢的是历史,但我没有学文科。我喜欢历史不是因为这个学科,而是因为我的历史老师。他讲历史像讲故事一样,又是学校的图书馆馆长,我们可以在图书馆看很多自己想看的书,但图书馆很多书是英文的,我就努力学英语。我对于比较新奇的东西、自己不会的东西非常感兴趣。其实我也挺喜欢数学、物理,比如这道题别人都解不开,但是我经过一段时间的思考解开了,我就特别有成就感。除了语文、地理、政治,别的科目我都挺喜欢。

可以跟我们分享一下您英语学习的经历吗?

我失明之后很长一段时间没有接触英语,我上高中的时候,能看得懂英语，但是听不懂。刚开始，出国比赛的时候还是听不懂，加上我的发音不标准，很容易引起歧义，让外国人产生误会，也容易闹笑话，一来二去就更没有自信说英语了，所以我特别想重新学英语。那时候上大学，校长得知我想学英语，就特地安排了一个教学团队，专门为我设计了英语课，我训练的时候他们通过远程教育，类似于现在的语音通话、视频通话给我上课，我就这样学习了 2 年口语，效果很好。

您是在什么契机下选择去天津求学的？

2008 年奥运会结束，结完婚后，我想去读书。我当时去天津大学咨询，但吃了个闭门羹。我挺难受，不过也没办法，那里没有盲人学习这方面的条件。就算有，我也不会盲文。后来我就想到了继续教育。我以前去加拿大的阿萨巴斯卡大学（Athabasca University）的时候，看到他们的继续教育做得特别好。不管你是国会议员还是残疾人、老人，你都可以选择终身接受教育。后来我发现，天津广播电视大学（现"天津开放大学"）特别好，我就去找了校方，人家也挺愿意接纳我。虽然他们没有教过残疾人，但单独为我设计了一个学习方法，让我学习知识，所以 2009 年我开始读书。但是那时候只让我学习管理专业，我不太喜欢，大部分精力都放在学英语和高等数学上了。学完之后，我正好赶上了一个机会：联合国教科文组织一级会议在天津举办，需要一个主讲人。我们大学里英语好的老师，年龄太大了。年轻的老师发音不如我，再加上我是一个特别有代表性的人物。于是我就作为主讲人，向他们介绍。当时我觉得外国对继续教育特别看重，外国的学校对残疾人没有太多的歧视。

后来我在一所大学当老师，当时我的行政工作是呼叫中介，负责在学校里接打电话。比如你打电话咨询学校情况，拨打呼叫中心，我就是那个窗口的工作人员。干了一段时间之后，我发现我不适合做这样的工作，后来我学了心理咨询。

听说您改过名字？是进游泳队之前还是之后改的名字？您的名字是"以天地之博，尊万木之本"的意思吗？

进游泳队之前改的名。为什么要改名字？其实这就是一个新的人生、新的开始。我以前叫杨宏睿，宏是宏伟、宏大的宏，睿是睿智的睿，是家人希望我有大智慧。但是后来，新的人生需要我做出一些改变，我需要有一个广阔的天地、一种坚韧不拔的心态。其实改名是一种心理暗示，告诉自己开启新的人生，放下以前的一切，以前的所有积累都归零了，都格式化了，都重启了。

我特别想做一个受别人尊重的人，有一个开阔的未来，能够"扬壮志之鞭，决胜于千里之外"，我不想默默无闻地度过这一生，还是想自己找到一个方向。

我初二那会儿学习不好，我的物理老师是一名实习老师，实习结束后就离开我们学校了。他教过我们班，那时候我学习不好，听不懂、总捣乱，老师就把我叫出去，问我为什么不好好学习。我说我真听不懂，就干脆放弃了，于是那个老师跟我说："我是从农村来的，在读大学之前，觉得自己在我们村里懂得很多，但是到大学后，发现不懂的特别多。后来我就一步步学，慢慢学会了。其实只要愿意开始，就不会失败。"

我当时特别喜欢看《灌篮高手》，物理老师在没收的漫画书里给我指着说："你最喜欢的三井跟安西教练说：'人生就像一场比赛，不到最后一刻不能提前放弃，一旦死心的话，比赛就提前结束'。"

当时我是差等生，老师愿意跟我说这种话，我觉得心里特别温暖。

那时候，语文老师总让我上台演讲，但我真的什么都不会说、不会表达，但是练来练去就会说了。现在想想他们都是在帮我。我虽然看不见，从零做起，但也不能轻言放弃，怎么也得拼一下。虽然不知道自己方向在哪，但是也不能让自己心里的火苗熄灭了。

那时我总听收音机，是因为我想知道有没有什么我以前忽略的一些职业适合我。因为以前没有接触过盲人，我想我是不是得去算命，后来知道有盲人按摩，但我总觉得我不能这样活着。因为我会乐器，我当时听收音机，听到说2008年北京残奥会歌曲征集活动要选出10首歌，入围的人可以获送一辆奥迪汽车，我就动心了。其实我不是在乎这一辆奥迪，我只是想找到一个证明自己的机会，我想是不是世界上很多歌手、乐器手是盲人。那时候我还不了解多元化就业的概念，录完歌之后就打电话给中国残联说明情况，但我打的是门卫的电话，门卫听不明白，就把电话转到了中国残联宣文部。转到宣文部之后，他说让我们给他们寄一个卡带。我总想着一战成名，人家听完之后觉得也就那样吧，跟我说你要有特长可以去残疾人艺术团，我说太好了，一场演出给多少钱？他说一场给我50元，说实话这并不多，但是对于我来说50元也行，我问一个月几场，他说好几个月才一场。人家问我还有什么特长，我说我没什么特长，当时我不知道盲人还能做什么，他问我会不会按摩，我说不会，他问我有多高，之后他说要么就做体育吧，没想到体育还真的是一条很好的路。

音乐对您来说意味着什么？

我小时候学过键盘、小提琴和唱歌，还学过民族舞，但是现在我也不会了。后来我又学了吉他，主要为了娱乐，我也不是专业的。除了吹奏乐器，我也会点打击乐器，电声我也还行。

我很早之前有一个博客，不过后来不写了。我的博客的背景音乐是《龙的声音》，这首歌是当年我跟我爸爸在家里用录音机录下来的，是我自己为2008年北京残奥会写的主题曲。

音乐是我的陪伴。当我孤独、郁闷、遇到困难的时候，我还有一把吉他。那时候我写了不少歌，现在看来，那些歌带着无病呻吟的意味，但是对于当时的我来说，这些歌是意义非凡的。后来我也写过一些歌，也会翻唱一些歌，记录一些快乐的体验。

音乐也是我的一个梦想。我一直有一个小梦想：组织一个残疾人的乐团，然后写出几首像《一路向北》《乌梅子酱》那样脍炙人口的歌曲。但是，我没有那么多时间。这么多年，我都没有尝试做音乐。另外，我的想法可能太天真了，毕竟我不是随时就能演出的那种人。当我在乐队里给观众演奏的时候，跟在KTV唱歌的感觉完全不一样。这也算是我的一个乐队梦，不过估计没法实现了。

您是如何接触到残疾人游泳这个项目的？

当时我给天津市残联打电话，市残联让我试试体育，我就把各个项目都试了一遍。当时不知道有游泳。我先去看田径，人家觉得我跑挺快。我说不行，因为我看不见，不知道往哪跑，也不敢往前跑。我跳沙坑，人家觉得我跳得挺远的，但我跳到沙坑外边，屁股特别疼。还有一个项目是盲人门球，这个就是完全靠耳朵听音的，但我是后天失明的，完全不适应。还有一个柔道项目就是摔跤，但是我天天挨摔，觉得受不了就不练了。最后，他们说还有游泳。我失明后第一次到游泳馆，有一种久违的感觉，一闻到游泳馆里的漂白水的味道，我就感觉自己重生了，我迫不及待想给教练们展示泳姿。因为天津市特别小，残疾人数量不多，所以遇到一个又年轻，身体素质还不错，又从小练过游泳的一个大高个，其实挺难的。我发现那些教练都是我小时候在专业队游泳的时候的教练，他们很多人都认识我。

您还记得失明以后第一次下水的情况吗？顺利吗？

我失明后压抑了好长时间，都没有游泳。等到了能游泳的时候，训练条件没有现在这么好。冬天没开暖气的时候水很凉，跳下去的时候感觉腿在抽筋，我只能勉强游到对岸，最多游 50 米。后面游得也不好，撞来撞去的；仰泳很简单，但是在水里还是掌握不好平衡。虽然我小时候练过游泳，对于游泳的理解可能比别人更加深刻一点，但是盲人游泳和健全人游泳完全是两个概念，健全人游泳不用考虑平衡感，而盲人游泳更注重节奏感、平衡感和对身体的控制。

您当时想留在队里，您的家人是什么反应？他们是支持还是不支持？

不支持，当时我父母就觉得我挺惨的了，我家庭条件也不错，爸妈当时想让我争取在国企工作，待一两年，再去一个偏远的地方成家，把希望放在下一代。可能当时父母也没接触过盲人，觉得应该呵护我。他们觉得，我以前看得见的时候都拿不到奥运冠军，怎么残疾了就能拿到冠军，走上最高领奖台呢？父母心里还是担心，如果比赛失败，我心里会受伤，毕竟那时候我还小，眼睛看不见了，他们作为父母至少得照顾一两年吧，怎么还没一两个月我就要去训练。但当时对于我来说必须走，我好不容易找到一条路，如果不去的话，就有一种错过一个亿的感觉，类似于皮格马利翁效应[1]。

因为您是后天失明的，那比起先天失明的运动员来说，学习残疾人游泳会不会更难？

生活方面，队友们很照顾我，因为我是后天失明的，所以我失明后的生活能力不行。到今天为止，我的生活能力跟先天失明的人相比仍然差很多，我只能渐渐地适应，把更多精力放在游泳上。这也是父母当时担心我的原因，当时我连牙膏都挤不好，我没失明的时候我知道挤多少，但是失明后，我就没有概念了，现在我就是把牙膏直接挤在嘴里再刷牙。

我在入队之后，会自己体会很多的游泳动作，教练教得更多的是细节方面的动作，他们觉得我的水感比较好，所以我就自己学习动作，自己去寻找最大的负荷量。我不用特地学习"掰镊子"[2]的基础动作，比如伸臂、划水、推水等，教练不用教我。

您训练时遇到的最大的困难是什么？

早期最大的困难其实是跟自己内心的对抗，现在不同了。现在，游泳对我来说是一种精神寄托和热爱。当初，我父母不同意我去学游泳，于是我就跟家里断绝联系，离家出走了，没有生活来源。出门在

1　皮格马利翁效应，又称罗森塔尔效应，通常指一个人对另一个人行为的期望成为现实的现象。

2　出自北京老话"掰不开镊子"，多形容人因为没经验，解决不了事情。

外到哪都一样，也有人欺负我，我也挨过打，也有心里受委屈的时候，也有受伤、生病的时候。当时我刚刚失明，心理状态很不稳定。

刚开始试训的运动员，不管有多少天赋，都得按选拔机制来。我没有工资的时候，会自己想办法赚钱。没有钱也不行，因为要买泳裤、牙膏、牙刷、洗发水，也要交话费，要有最起码的生活来源。但我是从家里跑出来的，跟家里说别找我，找我我也不回家，所以说我不可能问家里要钱。当时我就去画室给人当模特，一个小时是 60 块钱，其实那时候心里挺难受，因为要保持一个姿势不动，挺难受的，感觉自己像个动物一样被人旁观。

2006 年春节，我们练到大年三十的上午就结束了，大家都回家了，我不能回家，因为我没有成绩，我不想回家。人就是这样，本来知道自己离家出走不对，但因为年轻我将错就错，我心里过意不去，所以就不想回家，回家就像自己妥协了。我当时身上只有 7 块 5 毛钱，食堂也不开伙，宿舍还有桶装水，就这些东西。那时候我也不会自己出去买东西吃。我印象中，他们说从我们住的地方出去走十分钟，就有个卖烧饼的地方，他们给我买过，我觉得挺近的，但我自己找那个地方找了半天。我也不会使用盲杖，拿雨伞就出去了，一找一个小时。我觉得我是靠鼻子找方向的，如果那个人没出摊的话我就找不到了。我就每天买一块钱的烧饼吃，吃完东西不敢乱动，没什么事情就躺在床上，打开电视，困了就睡觉。

正月初五，我们天津都讲究吃饺子，外面放炮仗可热闹了，可我那天一天没吃饭，心里就别扭，特别难受。自己在床上躺了一天，晚上就出去吃碗面，吃不起饺子，卖烧饼旁边有个面馆，当时吃碗面 3 块，加个蛋 3 块 5 毛钱。我记得当时差了 5 毛钱，那老板骂骂咧咧，说话特别难听，当时我心里特别委屈、特别难受。当时我还小，比较脆弱，眼泪哗哗地流，想着要是起身走了不吃了也不行，所以还是忍着泪水吃完了面。吃完后，我都不知道是怎么走回去的，跌跌撞撞的，特别委屈。那天晚上我的队友陆陆续续地回来了，可是我越想越难受，但又不想让队友看见，我就去洗澡，洗澡的时候眼泪还是哗哗地流。

现在想想，最难受的可能就是干吗跟自己过不去，回家有对我好的爸爸妈妈，他们会照顾我，有相对优渥的生活，何必在这里受罪？不过这种事也是一个积累，不光在面馆吃面这一件事，平时也会受好多气。我是新来的，生活上不太能照顾好自己，跟别人相处也比较生硬，别人都给老队员买点汽水、盒饭，但我没买，我不是不想买，而是真的没有钱，我也容易跟一些老队员发生冲突。这一路上遇到的困难变成我坚持下来的一种动力。其实有时候自己想，如果回去了又得过那种平平淡淡的生活，这辈子就这样过去了，连喝酒吹牛的资本都没有。对于当时的我来说，机会就只有这么一次，可能再过几年就没有这样的机会了。我当时给自己的心理暗示就是既然我无法改变现状，那就改变心态，后来成绩越来越好，有了成绩回家之后，也算是衣锦还乡，生活越来越好。

您最开始训练时遇到困难是如何解决的？是独自消化还是会向别人倾诉？

那时候的我是不爱倾诉的，因为我觉得就算我和别人说了，第一，他们也帮不上我；第二，说完之后也很累。而且我当时也没有什么特别大、特别复杂的问题。我的困难就是没有钱，没有成绩，说白了就是没有实力。这些问题跟别人倾诉是解决不了的，只有靠我自己努力。你和别人说你的困难，别人不一定会同情你，甚至可能会笑话你。就算别人同情我，想来帮助我，给我几十块钱吃顿饺子，但这种嗟来之食对我来说没有必要。

有一次，我发烧的时候想喝粥、喝点面汤，或来碗片儿川什么的。但是那时候我不可能要求食堂给我做面汤，我没有资格提要求，在食堂里有什么就吃什么。那时候我的对象，就是我现在的老婆，在家里给我做了一锅面汤，放到保温壶里给我专门送来，真是一种温暖。

我们是2008年结婚的，到现在15年了。我们在3月24日登记结婚，但是婚宴是11月9日。最开始谈恋爱的时候，我比较自卑，因为我没有什么成绩，人家父母肯定也不乐意。我没法跟她父母说，你把女儿嫁给我，我能给她幸福。我能干什么呀，我连自己都养不活，根本不敢想。后面有了成绩慢慢才有能力有资格去想这个事。我觉得我那时候，活得比较现实，失去了年轻时该有的浪漫和冲动，就算心里喜欢，但没有喜欢的实力，也没有喜欢的资本。我的生日是3月23日，在2008年北京奥运会之前，2008年的3月24日，我刚年满22周岁，就从国家队请假回家办理结婚登记。登记完之后，我就回队里继续训练准备参加2008年北京残奥会。我在残奥会比赛中拿了成绩，回去之后就办了婚宴。我不知道我说得对不对，我觉得人高矮胖瘦、有点残疾、年龄大都不重要，重要的是不断增强自己的实力和让自己变得儒雅。这个实力能够弥补我眼睛不好的弱点。后来我也慢慢开始读一些书，让自己更加儒雅。

在您入队之后，您第一次参加的正式比赛是哪一场？

我首次参加的正式比赛是 2006 年的德国柏林国际残疾人游泳锦标赛。我记得那是 6 月，我刚刚比赛结束后回家。在那次比赛中，我取得了三金一银的成绩，并打破了亚洲纪录。现在看来，这些成绩可能不值一提，毕竟只是一场公开赛。但对我而言，那是我参加的第一场国际比赛，所以那个时候我非常开心。我记得我拿到第一块奖牌时的情景。那是一块银牌，拿到后的心情难以言表，我立即给家人打了电话。在国内时我很少打电话，但那次我抑制不住自己，想打电话给家里，分享我的快乐。那时候我没有多少钱，但就想喝杯啤酒庆祝一下。我有个老队友叫张俊波，他请我喝了杯啤酒。我记得那杯啤酒好像是一块多欧，但对我来说，那可真是一杯珍贵的啤酒。我那个时候想，要是有钱了，就买个啤酒机。

那是我与家人失联后第一次联系。虽然他们当初并不赞同我做的决定，但我一直知道他们尊重我的选择，并一直在默默关注着我，只是没有打扰我。当我给他们打电话时，我相信他们更多的是惊喜。我记得那是半夜的时候，他们被我的电话吵醒了。他们并没有问我比赛的情况，只是嘱咐我要照顾好自己，不要吃太多冷的食物，要小心磕碰，这些充满关爱的话题完全与比赛无关。我想，这就是他们的支持方式。他们总是在默默关心我，尽管他们并不能在现场为我加油。我明白，他们希望我能把注意力集中在比赛上，这是他们对我的期望。

比赛前我并没有设定一个明确的目标。当我得知能代表中国出场比赛时，我感到很惊讶。2006 年 3 月，因为我当时还在天津队，刚刚成为正式运动员，有一位国家队的教练到天津队来看我，他让我参加了那场比赛。原因是，只有在这场比赛中取得的成绩达标了，我才有资格参加年底的世界锦标赛。但我当时对此并不知情，他们是破格让我去参加比赛的。所以，当我接到通知的时候，我并没有想过我能在比赛中取得什么样的成绩，我只想证明我有资格留在国家队。国家队当时每个月给我 300 块钱，有了这 300 块钱，我就不用再去当兼职模特了。当时的国家队教练可能有的时候是基于工作的需要，他们会到各地去寻找有潜力的运动员。那位教练确实看到了我在训练中的表现和潜力，他认为我可以在国家队试一试。通常我们应该是先进入国家队，然后代表国家队参加比赛，但我是直接从天津队被选拔出来参加比赛的。

取得成绩后，我的教练告诫我不要因为一次比赛就骄傲自满，要有长远的眼光。但实话说，当时我没有完全听进去他的话，因为我刚刚拿到成绩后，我的情绪无比激动。我觉得，我站在领奖台的最高点、接受大家的瞩目，感受到的那种荣耀感太强烈了。我并没有骄傲自满，反而更有动力。我想要继续保持这种状态，我想赶快回国训练，我想在更大的赛事中取得更好的成绩。那次德国的比赛，我认为只是个开始，我还想去参加世界锦标赛，我还想去参加残奥会，我希望能一直取得好成绩。我后来也确实参加了更多的比赛，包括几届的残奥会、世界锦标赛，以及全运会等。我始终保持着积极的态度，希望能在每一次比赛中都有好的表现。

您知道您有一个称号，叫"中国的小菲尔普斯"吗？

这个称号是 2008 年的时候出现的，当时我还没参加比赛。时任中共中央总书记胡锦涛与时任中央书记处书记习近平同志来北京顺义慰问视察，我有幸作为代表出席。他们问我参加什么项目的比赛，我就把我报名参加的所有项目都说了一遍。然后他们就说："哎呀，那你这是中国的菲尔普斯啊。"就这样，我就有了这个称号。菲尔普斯（Michael Phelps）是1985年出生的，我是1986年出生的，我比他小一岁，所以，那个时候大家都叫我"小菲尔普斯"，后来这个称号又变成了"小飞鱼"，不过现在已经没人再这么叫我了，现在大家都叫我"老飞鱼"。新华社、《人民日报》和《新闻联播》都有过相关的报道。

您在体育界的游泳项目里有没有特别崇拜的运动员？

说实话，我现在没有特别崇拜的游泳运动员。我小的时候特别喜欢一些游泳运动员。在不同的时期，我会欣赏不同的运动员。在我失明之前，比较厉害的运动员有索普（Ian James Thorpe）、霍根班德（Pieter Van Den Hoogenband），还有日本的北岛康介。当然，中国的蒋丞稷、吴鹏等人我也很关注。但是，真要说崇拜，我觉得我并没有特别崇拜谁。最早，我喜欢波波夫（Alexander Popov）那种游泳的姿态，会看他的录像带。后来，我喜欢霍根班德和索普。

您在比赛过程中有没有遇到一些比较强劲的对手？您觉得他们的优势是什么？

比赛过程中，我当然遇到过一些非常强劲的对手。比如在2007年和2008年，我的主要竞争对手是来自乌克兰和西班牙的选手。他们都像壮汉一样，身材魁梧。而我那时候，虽然身高跟他们一样，在一米九左右，但我更多是依赖技术，身材相对瘦一些。他们的小臂都跟我的小腿一样粗，他们是那种力量型的选手。每一届的选手都有自己的特点，都非常优秀。包括日本的选手，以及跟我同时期的一些国家队队友。后来，大部分队友都去当教练了。回忆起2021年在东京的比赛，2008年我的乌克兰对手已经成为教练，带着乌克兰队参赛了。而在他们之前的我的一些队友中，有的现在是天津游泳协会的秘书长，有的则成为教练。可能现在的大部分队友或者对手，都已经不在一线比赛了。每次我们聚在一起吃饭时，他们总会提到，如果年轻的时候在某场比赛能够夺冠该多好，他们总是有这样的遗憾。但我现在还在这条能实现梦想的路上，他们都觉得我比他们更幸福。虽然这个过程看似很辛苦很累，但我一直没离开我钟爱的游泳。

您觉得中国游泳队的优势是什么？

我觉得，中国游泳队的主要优势在于系统化的训练。此外，我们的梯队建设非常健全，总是有一批批年轻人在不断地加入我们的队伍，我们还有核心队员，这是我们的优势所在。相比国外的俱乐部式训练，我们的梯队建设更为严谨和系统。

您觉得您能取得这些成绩与哪些因素密不可分？

我认为，我的成功来自多方面的因素。首先，我要感谢政府和人民的支持，没有他们我无法走到现在。其次，我取得的成绩离不开教练对我的帮助，他们的教导对我非常重要。当然，最不能忘记的是我的家人，他们的支持也是我取得成绩的重要因素。

但是，如果要说一个最重要的因素，那就是我对游泳的热爱。

如果没有热爱，我可能早就退役了。如果只是为了赚钱，我没有必要坚持下去。奖金对于我们来说，确实是一种鼓励，但对我来说，这并不是我坚持的全部原因。虽然运动员的生涯中会有很多困扰，比如伤病，但只要你有足够的热爱，很多看似痛苦的事情其实并不会那么难以承受。我记得我曾经看过一部电影叫《阿甘正传》，里面的阿甘智力可能不太好，但他热爱跑步，他就一直跑。虽然他跑得很辛苦，但因为热爱，他并不觉得累，这就是热爱的力量。只要你真的热爱这一行，即使从事这一行在别人看来很辛苦，你也会觉得很值得。

您现在和家里人见面相处的机会多吗？

我现在和家人见面的机会还算多。当没有重大比赛时，我通常在天津队训练。在这种情况下，我周五、周六、周日都可以回家，和正常上班的日子差不多。即使平时我有时间回家，也因为懒得折腾，会选择留在训练基地。然而，当接近残奥会或者亚残运会这种大型比赛的时候，我就需要加入国家队进行集中训练，那段时间我可能一整年都不能回家。所以说，大型运动会的前一年通常都比较紧张，大多数时间我们都在各自的地方队或者国家队训练。

我的家人已经习惯了我长时间的集训，他们都非常理解我。但是我的三个孩子，有时候确实不太好哄。我儿子现在已经12岁了，他比较懂事，只要能跟我打视频就会满足。我的小女儿也还好，还不到1岁。我的二女儿，有时候，和她长时间分开我觉得心里很难受，像是生离死别一样。每次集训结束后回到家，我通常都会陪他们，给他们做饭，分享在这段时间内我经历的快乐或者不快乐的事情。我喜欢回家后炒一些菜，特别是那些我擅长的菜。如果大家一起包饺子，我就负责擀饺子皮，我们在一起就像进行一场集体劳动。有时候我也会吃我妈或者我媳妇炒的菜。回家之后，我们也不让家里的阿姨做饭了，我妈会做一个我小时候爱吃的菜，我老婆做一个我现在爱吃的菜，我再做一个她们爱吃的菜。饭后，我会跟孩子们一起玩，我儿子打鼓，我弹吉他，在家里开个小音乐会，也挺幸福的。家庭方面，我对家人的陪伴并不是很多，正因为大家偶尔会分开，才会更加珍惜团聚的日子。

您有没有想过，如果没有走上游泳这条路，您会过上怎样的生活？您有没有为游泳放弃过什么？

在游泳项目上，我没有舍弃任何东西。如果说失去了什么东西，也不是因为游泳，而是因为眼睛看不见了，我失去了很多肆无忌惮的、挥洒青春的时光。我觉得是体育成就了我，如果没有体育，我可能不是去算命就是去按摩、推拿。我试过自己当老板，开饭馆。我在天津广播电视大学（现"天津开放大学"）当过一段时间的英语老师，带着学生写过社会实践报告。我还考了三级心理咨询师。这些我都试过，但都不合适。2008年的时候，当时我是Visa的形象代言人，给它写了一首广告曲《刷新梦想》。当时北京的公交车站都能看到我的海报，电视上也会放有我的广告。

您如何看待运动员这个职业？

我觉得所有年轻人不一定要走专业运动员这条路，但是一定要接触体育。首先，体育跟学习绝对不冲突。其次，体育能磨炼意志。这不是一句空话。一个人如果没有自信，就不能坚持做一件事。坚持是需要锻炼的，不是想坚持就能坚持、就能克服困难，这需要用小成功来积累。

所有成功的人都是自律的人。我每天会晨跑，哪怕就跑 20 分钟。在运动这项事业上，你去慢慢领会，就能收获成就感。有了成就感，你就能坚持下来，慢慢地运动就成为习惯。所以说，人不一定要成为专业运动员，但一定要体验运动，让运动成为生活的一部分。回过头来说，可能有些运动员的生活不太好，但我觉得这样的运动员是比较少的。一个人有自强和奋勇斗争的精神，在生活中其实就不会被打倒。

可以请您评价一下您目前的体育生涯吗？

好多人都认为我应该退役了，但我还在坚持。这次我勉强搭上了世锦赛的末班车，参加亚残运会。这次机会难得，我会尽我所能去练习。如果成绩不好，或者从此离开国家队，我肯定会难受一段时间。如果离开了游泳，那我就开启自己新的生活，看看能不能从事与运动相关的一些工作，再发挥自己的余热。

您有具体想过今后的体育生涯或者是退役后的安排吗？

如果我真退役了，我想在家里待两三年。第一，陪陪家人，和他们到各地旅游。第二，我觉得我需要重建自己，我想找一些适合自己的、力所能及的事情去做。比如说，我想从事音乐就需要拿出两三年的时间去钻研。又比如，我想从事心理咨询，我就要去学习心理学。还比如，我想在残联当个残疾人工作者，至少要了解社会工作相关的知识。或者我想当教练，我就得去了解各个团体。我觉得我自己还是需要积累，需要多学习。比方说，我将来还想写小说、学文学。可能我这话说得不切实际，但现在我确实已经衣食无忧了，对于我来说，盲目地选择一个行业，然后天天一上班就打瞌睡，下班混混沌沌的，那还不如不工作。

我现在就在学习，这两天我下载了智慧中小学的网课，学英语、物理、化学，把知识补一补。我想将来参加成人高考，也有可能去国外读书。

回顾整个体育生涯，您最想感谢的人是谁？为什么？

我很感谢家人、教练、队友。如果非要说出我最感谢的一个人，那我想感谢当时骂我的面馆老板。因为他给了我一种"我必须做人上人"的动力。剩下的人我就选不出来了。教练、队友们对我的帮助很多，家人的帮助更多。早期是爸妈对我的陪伴，后来是老婆对我的鼓励，还有孩子们对我的关心，都让我对生活充满期待，有很强的幸福感。此外还有新闻媒体工作者对我的肯定，这些都是对我的鼓励。

谢毛三

　　残疾人想要走出来，最重要的是自信，要克服自己心里的那道坎，要主动走出小角落，这一点除了自己，任何人都帮不了你。

皮划艇运动员——谢毛三

主要荣誉

2023年入选2023年度"最美浙江人·浙江骄傲"候选人名单

主要成就

2023年杭州第4届亚洲残疾人运动会获首金

2021年全国第11届残疾人运动会暨第8届特殊奥林匹克运动会获2枚金牌

2021年东京残奥会场皮划艇项目女单200米KL1级获第五名

请您先自我介绍一下，您来自哪里？双腿因何行动不便？

我叫谢毛三，1986 年 3 月 16 日出生于安徽省宿州市砀山县的一个农村家庭。母亲生我时已经 40 岁了，属于高龄产妇。我一周岁的时候，发了一场高烧，高烧退去，有了行动不便的后遗症，我无法和常人一样行走。当时，母亲把年幼的我背在身上在乡间奔走，不断寻找治愈我双腿的方法。然而，由于我的症状只是单纯的高烧，我父母没能及时找到好医生，加上家里条件不好，所能尝试的治疗手段极为有限。尽管如此，母亲只要听到一丝可能治愈我双腿的消息，便毫不犹豫地放下手中事务，背着我去找医生。然而，残酷的命运并未改变，我的小儿麻痹症终究没能被治愈。

在我的童年记忆中，母亲常带我去村里的诊所接受治疗，至于所用的具体药物是什么，至今我还不知道。面对无效的治疗，母亲只能日复一日地承受那份无助和失望。

有一次，一位在镇政府工作的邻居告知父亲，镇上来了一位声称能治愈小儿麻痹症的外地医生，父母听说后再度燃起希望。医生要求我在他面前尝试行走，当时只能以爬行为主的我，只得借助周围物体，艰难地一步步向前挪动。那之后医生开出了一笔对我们家而言犹如天文数字的费用——800 元。如今看来，这或许微不足道，但在当时，我们家根本无力承担。母亲在沉默良久后，声音颤抖地说："即便交了钱，可能也治不好。"这句话如同定音之锤，宣告了父母对现实的妥协，也预示着我将长久行动不便。

8 岁以前，我始终以爬行的方式移动。然而，快到入学年龄了，我深知必须学会行走。我的双腿软弱无力，骨骼缺乏支撑，腰部功能亦欠佳。无数次，我紧抓墙壁，试图依靠手臂的力量带动双腿，小心地迈出去，却一次又一次重重摔倒。对于健全人而言，或许十几二十次的尝试便足以掌握行走技能，而我则历经了数百次跌倒，才终于掌握了这看似简单的技能。

学会走路后，我能够走到更远的地方。然而，每当我在街头巷尾出现，总会引来村民们异样的目光。或许其中不乏关切的眼神，但在我看来，那冷嘲热讽、充满歧视的目光占据了大多数。他们甚至在背后模仿我特殊的行走姿势。原本以为我的世界因我可以走路而变大，但我未曾料想，更大的世界里充斥着许多恶意。这使我深感痛苦，于是，我选择退回自我构建的小家，躲避外界的冷眼与伤害。

您的童年和青少年时期是如何度过的？

这两个时期是在我们老家度过的。孩子们通常五六岁会进入幼儿园，我由于行动不便，直至 10 岁才步入幼儿园的大门。在班里，我是唯一一个超龄学生，身材高大的我与周围稚嫩的面孔形成了鲜明对比。我的父母文化程度不高，也没有教育能改变命运的意识，只是单纯地满足于我能识几个字，因此我的学业止步于初中一年级。小学时期，作为校园里唯一的残疾学生，我时常遭受同学们的嘲笑，尤其是男孩子。有的人会在我身后模仿我的步态，伴以肆意的笑声。进入初中，情况非但没有好转，反而加剧。面对来自农村的同龄人，他们对我的状况感到陌生和好奇，进而加入模仿与嘲笑我的行列。随着年龄的增长，我愈发难以承受这种羞辱。终于有一天，当一名男同学再次对我进行嘲笑时，我鼓起勇气，尽管身体条件受限，但我仍然试图反击。然而，健全的身体给了他极大的优势，轻轻一脚便将我踹倒在地。身体的疼痛瞬间袭来，但更多的是内心的屈辱。这次事件让我萌生了退学念头。我担心在高中乃至大学阶段，歧视与恶意只会愈发严重。尽管理论上，人们的素质可能会随教育程度提高，或许会充满更多的善意与宽容，但现实中的歧视与恶意，束缚了我迈向外面世界的脚步。

残疾带来的困扰并不局限于同学的欺凌，更体现在每日往返学校与家之间的辛苦。小学时，我们需要清晨六点多到校晨读，晨读直至七点半结束。由于学校不提供早餐，我不得不在晨读后回到家里，再赶回学校继续上课，午间同样如此。这意味着我每天需两次往返于家与学校，这段距离有三四公里。晴朗的日子我能勉强应对，一旦遇到雨天，问题便来了。我只能独自撑着小伞，在泥泞的土路上挣扎着往前走，小心翼翼地避开泥坑，而其他同学的家长则会骑车接送他们。往往当我抵达家门时，同学们早已吃了饭回到教室了。

记忆中有一次，母亲恰好骑三轮车到学校附近办事，难得接我回家。那一刻，我欣喜若狂，即使座位冰冷，也丝毫不能削弱我心中的喜悦——我终于也能像其他孩子一样被母亲接回家。那年我 10 岁，母亲已 50 岁。同学们见到我和母亲，疑惑地问："谢毛三，那是你奶奶吗？"我望着母亲布满皱纹的脸庞和花白的头发，再看看自己软弱无力的双腿，心中涌上一股寒意。那一刻，我多么希望可以躲起来，让母亲和我一起躲起来，远离那些刺耳的疑问和异样的目光。

小学毕业后，我进入了初中，学校离家更远，我需要骑自行车上下学。然而，对于我来说，骑车并非易事。健全人只需轻松一跃便能稳稳坐上自行车，而我则需费尽力气坐上坐垫，再用无力的双腿在地上划几下，才能勉强骑好自行车。我深知自己的动作与他人不同，心中充满了尴尬与羞耻。每次上车前，我总要环顾四周，确保无人注视，才敢骑行。

当时您的家人没能给您提供帮助？

我是家中最小的孩子，上有两个姐姐、两个哥哥，我们的年龄差距很大。回首过往，我的人生充满了无数挫折与坎坷。小时候我的兄弟姐妹们从未真正关心过我。那时候因为腿部残疾，他们甚至不让我走出家门，我只能待在家中。二哥在市集里开了一家蛮受欢迎的理发店，嫂子卖洗发水等商品。因为担心有小偷，我常常被安排在店内看守。然而，他们始终只让我坐在店内，不让我四处走动，唯恐他人发现我这个残疾的妹妹存在。我想，他大概是不愿让人知道他有个这样的妹妹。因此，我极少主动去他家，除非他到学校来找我吃饭。但即便如此，他的表情总是很阴郁，眼神紧盯着我，像是在无声催促我离开，尽量避免引起他人注意。尽管他的理发店和学校很近，可是每逢下雨、路上很滑，他也从不留下我吃饭。偶尔能在他家吃饭，我会非常开心。然而，在我读小学期间，这样的机会寥寥无几。

大姐的情况也是这样。她比我年长 20 岁左右，每当我去她家，我也只能待在家里，好像大姐生怕他人看见我这个残疾妹妹，仿佛我会给她带去莫大的羞耻。在家中，或许只有与我相差 3 岁的小姐姐跟我有所交流。

记忆中有一回，我的右腿剧烈疼痛，仿佛抽筋一般，我几乎无法行走。当我向父亲说完此事，他竟冷漠地说："那你就不必再去上学了。"那一刻，我的心痛远胜于腿痛。在别的家庭，父母或许会选择接送有困难的孩子上下学，但在我的家庭，这无异于奢望。我并非心存怨恨，但那些痛苦的记忆始终无法从心底抹去。有时，我真想质问我的父母、兄姐，甚至追问天地：

为何家中其他人都健全，只有我是残疾？

为何我不仅得不到兄姐的关爱与呵护，反而遭受他们的歧视？

为何你们身为我血脉相连的亲人，却视我为家里的耻辱？

在成为运动员之前，您从事过什么职业？

因为我是残疾人，所以我不能像其他人一样出去工作或者玩。那些曾经和我一起玩的女孩子，她们出去找工作时也不会带我一起去。我只能一直待在家里。当时有四个和我一起长大的女生，她们和我的关系比较好。她们比我早上学，初中毕业后就去外面打工了。原本我们都是一样的农村孩子，但是她们回来后却变得特别洋气：穿着时髦的衣服，擦着带香味的化妆品，讲起话来神采飞扬，看起来精神极了。她们往村子里一站，和其他人的区别一下就显现出来了。我非常羡慕她们，羡慕她们能走出农村，见识那个新奇又精彩的世界。

因为我是残疾人，所以别人都觉得我是累赘。甚至我自己的姐姐出去工作时也没有带我。当时我的姐姐在江苏张家港打工，我想和她一起，她说我去不了。

"工厂和宿舍都要爬上爬下走楼梯，城市里到处都是楼房。你的腿不方便，没办法在城市里生活，为什么要出去呢？"我姐姐这么问我。

我一次次地问别人能不能带我去打工，却一次次地受打击。我忍不住想：难道我就只能一辈子被禁锢在家吗？我不甘心。

后来我爸妈说，我实在想学手艺的话可以去学做衣服，做裁缝不需要风吹雨淋，不需要耗费太多的体力。于是经人介绍，我去县城学了3年裁缝。学裁缝3年出师，我在当学徒的3年间，没有挣到过一分钱。我的朋友们赚钱回来后都问我："你为什么还要做这个？你在这里学裁缝，也没有工资，不是很亏吗？"我告诉她们，也是安慰我自己，我学一门手艺，至少以后可以有口饭吃。

我裁缝出师后，再也等不住了，也想出去打工，自己赚钱。

我妈妈告诉我："你表姐在上海也是干服装相关的工作，要不要让她带带你？"

"我不要。"我直接回绝，因为连我的亲姐姐都拒绝过我，不想带我，更何况其他亲戚呢？

我告诉我妈妈："我不要去拜托任何人，我有能力的话，就到外面去；我没有能力的话，就永远待在村里。"这句话一直深深地刻在我的心里，算是我这么多年的一个信念了。

后来，我跟一个我们村一起长大的男孩子去打工。当时他在江苏打工，生活过得挺不错。当我们一群朋友聚在一起聊天时，我开玩笑地问："我想跟着你一起去打工，你带带我行不行？"

结果他竟然说："可以啊。"

我很震惊，没想到真的有人愿意带着我这个残疾人去打工。我很兴奋，外面那个精彩的世界的大门终于向我打开。于是我就跟着他一起到了江苏的服装厂里打工。

但是不管走到哪里，无论是去江苏的路上还是工厂，或者是别的地方，我都没有看到其他的残疾人。我忍不住想：世界上是不是只有我一个残疾人？

在江苏的服装厂上班之后，每天晚上都要加班，相当累人。有一天，我看到在技术部门工作的一些人，他们不需要做体力活，也不需要加班。他们负责的工作主要是使用电脑打版、用CAD绘图之类。看到这些，我琢磨着这样也挺好。我不想一直像驴一样做累活，也想学习这些技能，换一份更轻松、待遇更好的工作。从此之后，我便一直留意着学习的机会。终于有一天，我在报纸上看到上海东华大学开设了服装设计类的进修班。于是我果断辞职，立刻踏上了去上海东华大学学习CAD和3D软件的路。

我在上海学了大半年，学会电脑打版后到宁波慈溪找工作。当时找工作不像现在，能在手机上、在网上找，我都是看报纸，在报纸的招聘版上找工作。我看中了一份工作，先给工厂打了一通电话，但我没有说我是残疾人。工厂的招聘人员回复我，他们是要招工的。于是我怀着期待地坐了一班长途汽车过去。那班车开了很久，我只能一直挤在座位上，身子都僵硬了。但我的心却被一股劲头刺激得怦怦跳。但当我到达工厂后，工厂的招聘人员一发现我是个残疾人，就干脆利落地说不要我，说是在工厂里工作需要来来回回地走路，还需要上楼梯，我的腿不方便。我感到很失望，身体里那股原本支撑着我一路奔波的劲头一下子就散了。

那时的我觉得，哪怕我学了技术，也没有工厂会要我。好像无论走到世界的哪个地方，我都逃不过被排挤的命运。

但我没有沮丧很久。这家工厂不要我，我就试试其他工厂。后来我终于找到了接纳我的工厂。这家工厂是一家小工厂，我在那里实习，一个月只有 1500 块工资。干了一两个月，我觉得这个工资实在是太少了。我去上海学习了技术，并不是想要做这样的工作，过这样的生活。那时我的心态已经放平了：此处不留人，自有留人处。所以我又辞职了，继续扑在报纸上找工作。

看招聘版，打电话，去工厂面谈，开始工作，觉得那份工作我不喜欢，辞职，继续看招聘版……我就这样来来回回找了很多份工作。

那时，我在一家工厂上班，每天都需要工作 9 个小时，有时还要加班，一天要工作 13 个小时，真是累坏了。我在江苏的时候远没有这么累。这家工厂给我提供了宿舍。当时我住在楼上，但洗衣服在楼下，每天上上下下让我很苦恼。幸好我遇到了一个女孩子，她的手之前被机器卷进去了，我们都是残疾人，就互相帮助对方。我帮她洗衣服，她帮我把洗好的衣服端上楼去。刚开始她还说不用帮她洗，我说："没事，我弄好了你拿上去就可以了。"我们就这样相处了一段时间。这段时间我很开心，因为我有了可以互帮互助的同伴，她不会用异样的眼神打量我。

不过我在那家工厂只待了几个月。我不甘心在工厂里一直做那些很累的工作，我想辞职。但是工厂的管理人员不同意。他们找了各种理由，说如果我辞职，他们就不给我发工资。那里的工资大概是每月 3000 块钱，对我来说还是挺高的，我不能放弃。还好，工厂里有个人挺好的大姐，她建议我请婚假。我听了之后，就用这个借口说我要结婚，还真买了一大篮喜糖分给大家。买喜糖花的几千块钱对我来说是一笔不小的数目。工厂的管理人员被我唬住了，于是他们信以为真，正常给我结算工资。

后来，我又找到了一家杭州的工厂，就赶着去面试。当时我从宁波坐车到杭州，从车站下来后，走了好远的路才到了这家工厂。我那时候没钱，也舍不得打车，就只能靠自己的两条腿走路。这次，老板见到我是个残疾人后也接受了我。说定了之后，我就要赶回车站。那天我走了好久，喉咙渴得发痛，满脑子都是想喝一瓶饮料。我不记得当时一瓶饮料是要四块还是六块，但我都舍不得买，就只能一路忍住口渴回宁波。等我到宁波的时候，已经是晚上了。我把我所有的东西都打包收拾好，第二天一早又赶回了杭州。

虽说我的腿确实不方便，但我也的确靠着它，一步一步走出了农村老家，在外面的世界里打拼。

您是如何组建起您自己的家庭的？

我和我的丈夫是在杭州认识的。当时我在杭州打工，和他是工友。我俩在工厂里相识，自由恋爱了一段时间，最终决定结婚。我们两家人也都同意我们结婚，没人反对。其实，他家比较穷，我家也一样，所以没有人干涉我们。当时我的年纪不小了，家里人之前也劝我早点结婚，好像他们觉得我到了该嫁人的年龄，能嫁出去已经很好了，这种感觉让我有些心酸。

2010 年，我在安徽老家办了婚礼。按我老家的婚礼习俗，新娘要起早化妆。那天，我起床穿上婚纱，坐在椅子上由人打扮。在婚宴上，我们拍了些照片和录像。2015 年，我们的孩子出生后，又在我丈夫的老家温州办了一场婚礼。

结婚之后我就没有再去工厂上班。我觉得，在工厂里打工，一辈子也不会有什么出息的。生了孩子之后，我就想着靠自己赚点生活费，而不是继续给别人打工。于是我开了一个小鞋店。温州的皮鞋挺出名，我就打算进一些货到杭州来卖。店里的装修都是我一个人做，我先是问清了建材的价格，然后买过来自己安装。我的邻居很热情，看我是个残疾人，腿脚不太方便，愿意帮我干活。但是我不想总麻烦别人，当我需要上货、卸货的时候，我都是叫附近的三轮车师傅来帮忙，再给他们一点钱，这样就不用欠别人人情了。我就靠着这家小鞋店赚了一些生活费。

我儿子现在 11 岁，在读五年级。因为训练的缘故，我大概每半年才能见他一次。我的家庭条件比较特殊，家里长辈都不太方便带孩子，所以只好把孩子送到寄宿学校读书，放假了也只能把他全托到老师家，平时只能跟他打打电话。说实话，我的心思现在全在训练上，除了孩子，没有其他事情可以让我分心。

我们家的经济来源现在以我的收入为主。皮划艇队的补贴刚刚涨了，每月有 1800 块钱，一天 60 块，涨之前是每月 900 块。跟皮划艇队的补贴比起来，肯定是拿名次的奖金更多。不然按照这个补贴标准，我在皮划艇队里待着，每天吃苦练习是没有一点意思的。说实话，如果出去打工，一个月三四千块钱也是有的。所以我主要指望着拿名次、拿金牌的奖金，不然就没有收入。参加像奥运会这样的国际比赛，国家、省里、市里都会给我们发奖金。如果参加全运会比赛，就只有省里、市里、县里会给我们发奖金。

现在我们夫妻的收入供孩子读书还是够用的，但是其他地方的开销可能就不足了。因为孩子一直读的是外国语学校，学费也挺贵的，一年要两三万，还没有算上其他的费用。他如果放小假，我们会找另外一位生活老师带他，这也要花钱。一年在孩子的教育上的开销有 3 万多块。所以我经常告诉他，自己要懂事、要努力，不然的话对不起父母这么多年的付出。我没有希望孩子能特别有出息，回报我们，只是希望他以后能学有所成。

您何时以什么样的契机接触皮划艇这个体育项目？

在 2008 年北京奥运会的开幕式上，我第一次看到竟然有轮椅舞蹈。那时我对残疾人体育不太了解，只看到电视上的残疾人运动员在展示他们的才艺，但是不知道是什么比赛项目，现在也只剩下一点印象。那时看到了之后我很羡慕：他们竟然可以这么大大方方地上电视，还站在奥运会开幕式这么大的舞台上，他们残疾的身体也不会被人用异样的目光打量，我也想像他们一样。但是当时我并不知道怎么接触残疾人体育事业，也没有什么渠道。残疾人体育对我来说，就像是一个海市蜃楼，远在天边，根本摸不着。所以之后我便继续在工厂里上班，没再想过参加体育活动。那时我的生活可能就是在柴米油盐酱醋的世界中奔波。

我在宁波打工时，因为一次偶然的机会，我接触到了宁波市残联。那是我人生第一次认识这么多残疾人，和这些比我大一些的哥哥姐姐相处着，我慢慢就没有那么自卑了。因为我行动比他们方便很多，而他们中有很多人只能坐在轮椅上。

以前我那么自卑，但是世界上比我更难的人竟然还有这么多，既然如此，我又有什么可自卑的？和残联的朋友们一起玩的时候，我随口说起了 2008 年奥运会开幕式上的轮椅表演。他们当时就问我："毛三，你想不想进入体育行业？"从这时候起，我才了解到残疾人体育这项事业。后来经宁波市残联的朋友介绍，2015 年，杭州的一位人大代表推荐我进入皮划艇队，他是一个手部残疾的人。

那时刚好残疾人皮划艇队也在招运动员。那年 11 月 10 日，我进入皮划艇队。开始的时候，因为我之前对于体育完全不了解，所以我是抱着试一试的心态去的。我还记得，那位人大代表说："你在外面混了这么多年，突然进皮划艇队里练体育，你肯定吃不了这份苦。"我进入皮划艇队之后，他还给我打电话："如果你真的不行，那就回来吧。"这句话我记得很清楚，印象非常深刻。我回复他："只要教练认可我，我肯定能吃这份苦。"说实话，练皮划艇和我之前受的苦相比，根本就不算什么，而且我也挺喜欢皮划艇。既然我得到了这次机会，我就要好好把握。

进了皮划艇队之后，第一件事是要坚持。皮划艇队在队员的选拔上，首先就是看一个人能不能吃苦。而就算一个人不是做运动员的料，如果想在这方面有发展，肯吃苦，我相信也可以练出成绩来。但是光会吃苦还不够，如果后面没有取得成绩，教练也不会要你。

当时教练让我伸了一下手，他握了握我的手，说我还是有力量的。然后我便开始在队里跟队员们一起试训了一个星期。后来我被教练选中，继续待在皮划艇队。我们练习皮划艇后，每周都会上力量课，大概两天上一次。2018 年浙江省第 10 届残运会正好有举重比赛，我就想去凑个人数。反正我不是专业选手，赢了当然好，输了也没什么负担。于是，我便代表温州参赛了，结果竟然拿到了女子组 55 公斤级冠军。其实在进皮划艇队之前，最早他们也推荐我去举重，但是因为我的手臂比较长，不适合练举重，手臂短一点的人更适合。手臂长的人更适合练习皮划艇，因为手臂伸出去的时候能划得更远。比如我双臂展开的长度有 1.75 米，你的只有 1.65 米，我们的速度可能就不一样。其实，不只是皮划艇，所有的运动，只要愿意吃苦就可以取得优异的成绩，重要的是要有坚持不懈的决心。

能否详细谈谈您的体育生涯？

进入训练队之后，我就像一张白纸一样，什么都不懂。刚开始的时候，我只是勤勤恳恳地在陆地上学习技术和动作。后来听我们教练说，我才知道我们要去参加比赛，尽力争取参加奥运会的资格。我2015年开始训练，2016年去德国争取里约残奥会的参赛资格，只练了6个月，就拿了第五名，拿到了参赛的入场券。

但是，那时我还不知道在参加残奥会之前必须参加两次国际大赛，这主要是为了给残疾人运动员的残疾程度分级。残疾程度分级要分两次确定——一次待定，一次确定。因为我进队比较迟，只参加了一次国际比赛，所以当时我的级别是待定。最后，我拿到了参加里约残奥会的资格，却被通知不能参加，我挺失落的，像一个充满气的气球一下子瘪了。我这么辛苦训练，却不能参赛，感觉好像天塌下来了。木已成舟，我也只能为下一届做准备，心态也慢慢地调整过来了。

世锦赛结束之后，我们有两个队友拿到参加奥运会的资格了，他们要继续训练。没有拿到资格的人就放假了。

结果教练来找我："三毛（教练对我的称呼），你给他们当陪练行不行？这也是为你的下一届比赛做准备，总之，这对你的训练是有好处的。"

我想想也对，毕竟我这才练了半年，就能拿到参加奥运会的资格。只要我在皮划艇项目上继续练下去，参加下届奥运会还是很有希望的。于是我就尽心尽力地陪队友们训练，直到他们去参加里约残奥会。

放假后，教练又告诉我："三毛，有一个去韩国训练赛艇的机会，我推荐你去，你行不行？"

赛艇虽然也是水上项目，但不是我的项目，等于我又从零开始学习。我在韩国待了20多天，之后参加了一个男女混合的亚洲比赛，当时拿了第一，这是我第一次拿到金牌。虽然不是皮划艇的金牌，但也算"有心栽花花不开，无心插柳柳成荫"吧。

我第一次拿到皮划艇的金牌是在2018年的全国残疾人赛艇皮划艇锦标赛上，获得女子500米KL1、200米KL1两枚金牌。拿到这两枚金牌时，我没什么太强烈的感觉，心情很平静。因为我知道，付出多少和收获多少是成正比的，所以我没有感到特别高兴，心态很平常。不过它是我的"人生的第一桶金"，这两枚金牌改变了我的命运，让我有了很大的自信。当我乘上皮划艇时，我就有勇气用船桨乘风破浪，划向更大的世界。当我走下领奖台时，一切将从零开始。

比赛结束后，我们又放了一个假期。当我带着两枚金牌回到老家时，认识我的人听说我拿了金牌之后，都为我高兴，纷纷跑到我家来，想体验一下金牌挂在脖子上的感觉。他们把金牌摸了又摸，特别郑重地戴在脖子上，兴奋地招呼别人给他们拍照，又拉着我合影。我跟他们说，这有什么好高兴的。可能别人只能看到拿金牌的光荣，但只有运动员才知道金牌背后的辛酸。

村里很多人，其实和我没什么交集。之前学服装时认识的人平时和我都不怎么联系，甚至见面可能都不会打招呼。当他们知道我拿了金牌，就来加微信，说："回家请你吃饭呀！"我觉得人都是很现实的，以前我回老家，从来没有人说要请我吃饭，我要把自己变得更强大。自己越强大，那些以前瞧不起我的人就会用另一种眼光来看待我。

2019年皮划艇世锦赛，因为我的级别是待定，我只要能拿到参加东京残奥会的资格就行，不管是第几名，确定分级最重要。8月时，我们去匈牙利参加东京残奥会资格比赛。当时我挺高兴的，因为我没能参加上一届的里约残奥会，这次只要拿到了门票，我就能参加东京残奥会了，我要为残奥会做准备。抱着这种心态训练，我一点也不觉得枯燥、辛苦。因为我有了目标，再苦再累我也觉得值得。

在半决赛的时候，我被日本选手打败了。因为我是KL1级别，如果我的腰部和座椅分开的话，我的级别可能会被刷下去。比赛时，我的腰一直要靠着座椅，这对速度的影响比较大，所以我没有超过日本选手。那个日本选手倒是比拿金牌还要高兴，我心里很难受。一回到酒店，我就跟教练开始研究。研究结果是：如果我还是继续靠着座椅划的话，可能连名次都拿不到了，更不要说拿到参加东京残奥会的资格了。所以我不管三七二十一，就是放开划。这是我印象中最深刻的一次比赛，可能还是夹杂了一些民族情感。最终我以第四名的成绩拿到了东京残奥会的入场券，弥补了2016年的遗憾。

可惜天有不测风云，在去东京参加比赛前，我的腰部严重受伤，甚至整个人不能动弹。因为新冠疫情，我们去参加东京残奥会之前要在北京隔离，我也没有办法出门接受治疗。其他队伍也住在这个酒店，领导也要照顾他们的健康，不能为了我从外面把医生带进来。那时我甚至觉得自己可能去不了东京了，因为我压根动不了，只能躺在床上，去卫生间都非常困难。当时我挺无助的，一个人躺在酒店床上，好不容易拿到了奥运会入场券，却又患了伤病。我努力了这么久，一点都不想在这个关键时候掉链子。幸好李教练联系到了医生，医生通过视频指导我，我就自己治疗、按摩。过了一段时间后，我慢慢地恢复了。虽然腰部还会疼痛，但当时我想，不管怎么样，前面训练的辛苦不能白费，我一定要坚持下去，打好这场比赛。于是在酒店里，我就地取材，用椅子、矿泉水来锻炼我的上肢力量，我还坚持做俯卧撑，每天拍视频给李教练看，让他指导我训练。

在2021年东京残奥会皮划艇女单200米KL1级决赛中，我在腰上绑了两条腰带，好借力。最后我以56.894秒的成绩获得了第五名。看到这个成绩，我心里五味杂陈。在外人眼里，可能第五名其实已经挺不错了。但我知道自己的训练情况和成绩，我的实力是不止第五名的。比赛结束后，我一个人坐在码头上，回想起进入皮划艇队训练的点点滴滴，觉得自己训练真的很刻苦，再想到56.894秒这个成绩，我又觉得自己还是不够努力。如果我再努力一点，成绩可能会更好。但我也不遗憾，因为我在比赛中确实是尽力了，尽管我的成绩跟平时训练的时候比还是差了一秒多。既然东京残奥会的名次我不满意，那我就要为了下一届奥运会做准备。除此之外，在下次大赛前，我也会更加注意自己的伤病情况。

在皮划艇比赛中，我的对手一直是巴西和德国的选手。这两个国家皮划艇项目比较强，因为它们起步比我们早，比较有经验。中国2015年年初才组建残疾人皮划艇队，而且基于多场比赛的经验，我觉得她们身体条件比我好。在皮划艇上我无法蹬腿，而她们完全像健全人一样，能蹬腿，在KL1级别中，她们比较占优势。我印象最深的是一名德国对手，她的上半身能前倾挺多，就算是同一个级别，运动员的身体状况和残疾程度也可能差很多。我认为目前国际上的残疾程度分级，可能还是有点倾向性。

请您介绍这个体育项目的状况，如皮划艇的规则、装备、场地要求、有多少个项目、残疾人在这个项目中有多少个等级等。

在国际比赛中，皮划艇的竞赛项目长度规定为 200 米。而在我国的比赛中，除了这个 200 米的项目外，我们还增设了一个 500 米的项目。这两个项目在赛道设置上是一样的，都是直线赛道，从起点到终点没有回程的部分，200 米和 500 米我都参与过。

皮划艇有静水和激流两个类别，主要是根据环境的不同来区分的。静水皮划艇主要是在湖泊、平静的河流这些水域进行的。日常训练和比赛通常需要在平静的水面上进行，对速度、耐力的要求比较高，对技术和力量的掌握至关重要。激流皮划艇就像冲浪一样，主要在湍急的河流或溪流中进行。它的挑战性主要在于操控皮划艇在湍急的水流中前进，避免翻船或碰撞，需要极高的技巧和对环境的熟悉度，同时也需要强大的体力和耐力。总之，静水皮划艇更注重速度和技术，激流皮划艇更注重操控和适应环境的能力。我参加的都是静水项目。

残疾人皮划艇项目和健全人的不一样的地方在于，我们残疾人主要是靠上肢的力量，因为我们的腿部功能基本上有一些障碍。我们的项目分 KL1 级、KL2 级、KL3 级，KL2 级、KL3 级跟健全人很接近。我是 KL1 级的，主要靠肩部和上臂发力，划的时候都是靠上肢的力量，基本没有腿部运动的能力。KL2 级的运动员有躯干和部分腿部的功能，能在皮划艇中坐直。KL3 级的运动员和健全人比较接近，躯干和腿部功能比较良好。

我在皮划艇上有一个定制的坐凳，能够放我的双腿。另外，还有一个靠背，能让我在划船时有一个依靠，不然没有力量划船。这个坐凳是我划船的支撑点，也是我发力的来源，我在比赛中很大程度上依赖这个定制的坐凳。

皮划艇场地的水质对我们日常训练的影响比较大。如果水质较为浑浊，水的质量就会更大，可能会对运动员的日常训练有一些积极的帮助。比如在浑浊的水中，运动员的划艇成绩是 55 秒。当我们到一个像千岛湖这样水质较清的场地时，我们的成绩可能会提升到 53 秒或 54 秒，最少可以提升 1 秒。

在皮划艇比赛中，从运动员进场到比赛结束，整个过程相对简单。首先，我们进入赛场开始检录。其次，我们会按照国际规定来称皮划艇的重量。我们的皮划艇重量是 12 公斤，皮划艇可以超过但不能低于这个重量。在下水之前，我们需要再次称皮划艇的重量。如果这时候重量是 12 公斤，那么重量无论超过多少，都是可以的。但是比赛结束时，皮划艇的重量必须还是 12 公斤。如果皮划艇变轻了，那么成绩将被取消。因为皮划艇如果过轻的话，运动员会划得更快，这个规定就是为了防止出现这种情况。大部分情况下，当我们从水里上来的时候，由于皮划艇进水，皮划艇可能会变重。我们宁愿皮划艇重一些，也不能让它轻于规定的标准。

在皮划艇比赛开始时，每艘艇都会有一个叫作"启航器"的设备。发令枪声响起之后，运动员就需要尽快地启动，开始比赛。这个过程很大程度上取决于每个运动员的反应能力。如果运动员反应过快，即在枪声响起之前就开始动作，那么启航器会帮助调整出发时机——它会通过让艇向后弹的方式来确保所有运动员都是同时出发的。如果运动员被弹得过于靠后，他们会处于不利地位，因为只有200米的赛程，如果落后太多，他们会很难追赶其他运动员。

在皮划艇比赛中，如果遇到风浪，我们只能根据现场情况灵活应对。毕竟，风浪是无法预测的，随时都可能出现，即使天气条件看起来良好。比如前年我们在东京参加的比赛，那场比赛就遇到了侧风。如果是顶风或顺风，我们一般能够处理得比较好。但如果是侧风，就会比较棘手。由于身体的限制，我很难不受这种侧面风浪的影响，皮划艇容易失去平衡，甚至有可能被吹翻，而且侧风还会影响我划的速度。如果船身被侧风吹偏，会导致我偏离航道，这是非常危险的。如果一个运动员的成绩是第一名，但却跑到别人的航道里，那这个运动员的成绩会被取消。

您的日常训练生活是怎样的？

我们的水上训练基地位于千岛湖畔，皮划艇、赛艇的运动员们都住在基地边上的一个酒店里。这里的生活条件和训练条件都还可以，千岛湖的风光很美，楼里也有足够宽敞的电梯供我们使用。

我们平常训练主要分水上训练和陆上训练。水上训练主要是在皮划艇上进行的一些技巧训练，陆上训练就是力量训练。每天晚上我们还需要拉伸恢复。我们每天早上7：40集合，如果天气比较炎热，只下水训练2个小时左右，8点开始，10点从皮划艇里爬上来，整个人都汗涔涔的，训练服全都粘在身上。训练完后还要做1个小时左右的拉伸。11点回到酒店，洗澡、洗衣服、吃饭、午休。下午差不多是 3 点开始训练。每天训练完队友之间会相互帮忙拉伸，主要是拉伸手臂，现在还有按摩师在为我们做按摩。

我们 2023 年 8 月要去参加法国残奥会的资格赛，也就是世锦赛，比完赛再回来继续准备亚残运会。今年的比赛都连在一起，都没假期。亚残运会之后有小假期，可以休息一下，回家见亲人，或者就是躺在床上好好睡个觉。

杭州亚残运会您有什么期待？

我的目标就是拿金牌，所以在训练中比之前更加努力。因为随着年龄的增长，我的体能下降得很厉害，所以我只能更努力，不然的话我就达不到预想的目标。

在皮划艇队里封闭式训练还是比较压抑的，基本上不出去。平时训练的时候也不怎么与人聊天，大家都是吭哧吭哧地埋头苦练。晚上我们都在拉伸，按摩放松后就睡觉，每天的生活都是这样。长期这么训练下来，心气儿多少都被磨平了。有时候我偶尔会请假出去放松，整个人都会觉得很轻松，就像一只叽叽喳喳的鸟儿飞出了笼子。哪怕我只是去喝杯奶茶，心里也甜滋滋的。因为我有一个孩子，如果放假我就会去看看他。

在训练中如果遇到困难或者伤心事，我偶尔会和队友倾诉，但更多时候我会跑到码头去。我一个人蹲在码头上，听着千岛湖微微的波浪声，双手环着膝盖，抱着自己，一个人掉眼泪。等眼泪的龙头拧上了，流下的眼泪被风吹干了，然后回屋睡觉。到了第二天，我又精神饱满地开始训练了。我妈妈一个人在家，快 80 岁了，我也不能跟她讲伤心事，我不想让她为我哭。所以说我也没人可以倾诉。我心里难受的时候如果正巧在和孩子打电话，我的声音只要有一点点不对，他都会很在意，用他那双大眼睛仔仔细细地看着我："妈妈，我感觉你今天心情好像不太好。"我一听这话，心里就很难受，必须立刻把手机拿走，不想在他面前流眼泪。但是我也不会跟他说这些事，而是努力把自己的情绪压下去。怎么能让这么小的孩子为我操心呢？

你们在水上训练会遇到危险吗？

我们训练中遇到的危险主要是风浪。我们去年遇到一次很大的风浪，一直到现在，那种恐慌感还在我心里挥之不去。要知道，我以前从来不怕这种风浪。2022 年 3 月 21 日下午，我们离划完训练目标还有最后一个来回，结果千岛湖毫无预兆地刮起了大风，掀起了大浪。原本晴空万里的天突然变得漆黑。浪很大，就连教练艇都被浪打得好像在水上跳起来。我们都在湖中心，短时间内没办法靠岸。所以我们都想靠近唯一的一艘教练艇，靠到教练艇边上就安全了。我就在教练艇边上，但是不管怎么划，都靠不过去，风浪向我打来，使劲地把我往外推。教练被吓到了，运动员也被吓到了。我们努力地控制平衡，不让风浪把我们掀翻。等风浪过去了，才回到岸上，我本来就软绵绵的腿更没有力气了。现在想想当时的情景，我都心有余悸。所以运动员的世界也不是只有鲜花和掌声、汗水和泪水的，还有不少危险。

您能否谈谈在长时间训练期间与教练的关系，以及国家对这个项目的支持？

我很感谢我的启蒙教练李戴源[1]，我跟他练了七八年了。从零开始到拿到金牌，这一路都是李教练在默默支持我，一直陪着我训练。我从他身上学到了很多知识和做人的道理。说夸张一点，跟着他可能比我上大学学到的知识还要多。李戴源教练当教练员几十年了，经验很丰富，我和李教练第一次见面是在我进皮划艇队那天。那天，李教练说："我一摸你的手，我就知道你有没有力气，是不是练皮划艇这块料。"然后他握着我的手，说："嗯，有力。"他这句话我现在还记得。之后我就跟着他试训了一星期。那时我的鞋店还开着，他一同意接受我入队，我就赶紧跑回去把小店面转让出去，放在里面的鞋子全都亏本转给别人。

他的教学水平很高，在训练时对我们很严格，在水上训练的时候，他都很凶。如果我们练不好，他会向我们大吼大叫，还会举着喇叭骂人。只要我达不到他规定的速度，他就会罚我，在队里我是被他骂得最多的一个。因为我脾气也比较坏、比较犟。别人被骂时可能会忍，我有时候不会，我会和他顶嘴，跟他吵架。我当然也在控制，可人都是有情绪的，况且训练已经很累了。如果没练好被他骂，我也还能接受，但是有时候他会无缘无故地骂我，这我就受不了，于是我的脾气也就上来了。不过有时候我觉得是我不好，我会给李教练道歉。有时候如果是李教练无缘无故发脾气，他也会给我道歉。他的初心都是好的，就是希望我们能有更好的成绩。如果你是他看重的队员，他

1　李戴源，中国皮划艇队教练、浙江皮划艇队教练。现为中国残疾人皮划艇队教练。

会在各个方面照顾你。在生活中，我和李教练就像朋友一样。

比如，李教练会管我穿衣服。

"这你也要说我？"我挑起眉毛，瞪着眼睛看着他。

"我是怕你冷，怕你冻着了。"他上上下下打量我穿的衣服，"我知道你不怕冷，但是也不能只穿这么几件衣服。万一冻病了，还耽误训练，你说是不是？"

在吃饭方面，我也会被李教练批评。

我正在往嘴里送食物的时候，一看他来了，我就像老鼠看见猫一样，立刻把自己缩起来，心里念念有词：看不见我，不要说我。

但是李教练知道我胃口比较小，吃得比较少，于是总在吃饭的时候重点关注我。

他走到我面前，看看我的餐盘，眉头一皱，批评我道："三毛，你怎么又只吃这么点？你是小鸡啄米吗？训练的强度这么大，如果不吃饱、营养没跟上的话，很容易在水上训练的时候饿晕。万一你晕倒了，翻下艇，容易出事故。知道没有？"

有一次我们因为吃饭吵起来。他"啪"的一下拍桌子，我也不甘示弱地把桌子拍得砰砰响。

李教练就站在我面前，怎么也不动，双臂抱在胸前："你吃！我就看着你吃，看你吃到吐为止！"

现在我和他说起这事，他就撇撇嘴："你还好意思说？"

李教练就是这样在各个方面都管着我、关心我。

李教练对我的称呼也挺有意思。我的名字是"谢毛三"，但是李教练一直都叫我"三毛"。不管是在队里还是在领导面前，他都叫我"三毛"。

李教练有次跟我说:"三毛啊,你跟着我这些年改变了很多啊。你刚进队时我对你的印象和现在完全不一样。"

"是的,都是李教练教得好、带得好。"我很诚恳地回答他。

如果不是因为他,我也不会有今天的成绩。我刚进队的时候,因为在社会上工作生活了很多年,我的外表打扮、行为举止,各方面跟其他运动员是不一样的。

说到国家对皮划艇项目的支持,我记得刚开始进国家队的时候,所有人都很重视,领导和队员都比较关心,各方面的资源也比较到位。但是皮划艇运动在中国还是比较冷门,主要的资源和关注度都放在更大的运动项目上,比如游泳。项目的大小是按金牌数量来确定的。像游泳,因为游泳的项目多,所以拿的金牌也多,游泳就是大项目、热门项目。对皮划艇项目来说,这是挺残酷的一个现实。

但是,毫无疑问,我们的队伍得到了政府的支持,否则我们无法继续在这里训练。我们的训练基地位于千岛湖,这是由政府提供的。为了能在这里训练,省里面需要拨付经费。至于训练条件,我个人觉得目前的条件很不错,现有的训练设施和环境已经足够满足我们的训练需求。当然,如果有更好的训练设备和环境,我们也非常欢迎。

您体育生涯经受的最大挑战是什么,您是如何挺过去的?

我遇到最大的挑战就是伤病。皮划艇运动需要腰部的力量,但我经常腰痛,容易受伤,当然也有一些其他的问题。因为我训练的时间久,所以受腰伤的影响也比较久。我的腰超负荷的话,疼痛会比较严重,贴膏药是没有效果的,所以我现在一边做理疗一边训练。每次训练完我都会腰痛，如果身体实在熬不住了、坚持不下去了，我就休息一堂课。最严重的时候，当我想从床上下来时，我发现自己痛得走不了路。腿一动，就牵扯到了我的腰，痛起来跟被针扎似的。腰痛会影响心情，会很烦躁，进而影响成绩，成绩也达不到之前的水平。做运动员是蛮辛苦的，但是既然选择了这个行业，我就必须克服种种困难。

我是腰椎疼痛。如果让我往前趴的话，我整个上半身可以直接趴到腿上。普通人的上半身很难趴到腿上，除非韧带很好。假如说我没有支撑的话，只要稍微推我一下，我就直接倒到后面去了，所以我的皮划艇有一个靠背，我可以向它借一点力。

有时候腰痛得厉害，我真的想过放弃。累倒是可以熬过去，只要给我时间休息就可以缓过来。但是腰痛真是让人难以忍受，我还是得顶着各种压力去训练。我是一个比较要强的人，如果让我待在训练中心休息，我会有一种负罪感。别人在训练，在湖面上劈风斩浪；我却躺在床上休息，一动也不动。哪怕是为了养伤，我也接受不了。

李教练也和我探讨过这个问题，他说："三毛，你的身体情况我也清楚，我建议你休息半天练半天。"

但我斩钉截铁地拒绝："我不要。我接受不了别人练习我不练。我既然选择了皮划艇这条路，就想坚持走下去，不能因为一点点伤病问题就打退堂鼓。"

现在，当我痛到实在无法忍受时，就会去做针灸。之前我做电疗后，腰痛会好一点。但现在病情越来越严重，电疗已经刺激不到我腰部疼痛的地方了，就必须做针灸。我每次都是去健全人的队伍里，借他们的针灸医生，这部分的治疗费用是皮划艇队里出的。我平躺在床上，任由医生施针，一针又一针，我感觉腰上又酸又麻，好像有虫子在爬一样。虽然治疗的过程有点难熬，但每次针灸完，我都会觉得腰部轻松不少，总体来说还是挺有帮助的。

腰伤对我退役之后肯定也会有影响。因为我本身走路就不方便，所以现在我的家人，主要是我妈妈，她就说："你不要练了，腿本来就不好，到时候一点都不会动就更麻烦了。"

除了伤病，我其实没有什么特别大的挑战与困扰。皮划艇这个项目本身就很苦，但我可以坚持。

也有很多人问我："你这个年龄已经是退役的年龄了，怎么还在训练？"本来在很多残疾人运动项目中，残疾人运动员的年龄相对健全人要大些，他们会更晚退役。我们队里还有年龄比我更大的运动员。像我，都是生过孩子的人了，体能跟十几岁或者20岁左右的运动员没法比。30岁之前我的体能都还不错，但是现在随着年龄的增长，我的体能下降得很快、恢复得很慢。同样一堂课训练下来，年轻的队员一个晚上就可以缓过来，我就不行，没有以前那么有活力了。如果说以前我的体力是个不倒翁，被前一天的体能训练推了一下，第二天就能弹回来，那么现在我的体力就像是一个泄了气的气球，我就算往里面吹气，它还是没办法完全鼓起来。

我跟年轻人相比，体力上有劣势，但是我觉得我的干劲比她们足，毅力可能更坚强。我觉得每一场比赛只要发挥我平时的成绩就不会有遗憾。因为我已经努力了，最重要的是保持年轻的心态。

您觉得练习皮划艇项目给您带来了什么改变？

我觉得皮划艇项目对我的改变是方方面面的。虽然老话说"江山易改，本性难移"，但是我跟着李教练训练后，我确实不像之前那么暴躁了，做事情之前会考虑一下。以前我想到什么就说什么，不会考虑太多，脑海里有什么嘴巴就直接说出来了，经常会得罪人。我在练习皮划艇的过程中，我的专业水平和我的阅历都得到了提升。经历的事情多了，就不会重蹈覆辙，我整个人都成熟了很多。

皮划艇把我从农村带到了更大的世界。没有体育就没有我的今天，体育改变了我的人生。因为体育，我去了很多国家，见识了世界各地的风土人情。之前我从来没想过，我一个农村的残疾小女孩，如今能走向世界。

体育对我的改变也包括物质生活等方面。我从 2008 年到杭州已经十几年了。在 2022 年，靠着我在体育方面拿到的奖金，我在杭州买了人生的第一套房。在此之前的十几年来，我一直都租住在杭州的民房中。之前条件不允许，我只能住比较便宜的民房。我也想住好的房子，但是没有这个经济实力，我只有靠刻苦努力训练才能获得我想要的东西。当然，只有想是不够的，还要去奋斗、去刻苦努力，才能实现目标。你看，现在我就凭自己的努力，在杭州拥有了一个属于我的家。

进入体育行业后，您是否放弃了很多？

选择体育这个行业后，我其实失去了很多，最主要体现在家庭方面。我在千岛湖训练，如果我老公不支持我，那我在体育上也不会取得今天的成绩。之前我老公和我说："我宁愿你待在家里，这样我下班回来后，你可以给我洗衣服。练皮划艇那么辛苦，你待在家里也更轻松。"

"那可以啊，但是你觉得这种情况现实吗？"我说，"现在我们还有小孩要养，房子也没有。靠你的工资，一个月就几千块钱，你有这个能力养我吗？我也想小鸟依人。但我天生就没有这个命啊，还得自己去奋斗。"

现在我长期住在集训基地，基本上是封闭式管理，一年只有两次能见到我的孩子。春节如果放假的话，我能见到他一次，暑假也能见到一次。从开始练皮划艇到现在，孩子一直在寄宿学校读书，放假我们就把他全托给老师。他虽然年纪小，但是非常理解我，知道妈妈因为要训练所以不能陪在他身边。

他很小的时候我就一直告诉他："妈妈不能陪在你身边，因为我要努力训练，为国争光。"他也知道，会跟老师说他的妈妈在为国争光，所以不能陪着他。我一直觉得自己愧对孩子，他这么小就一直跟着老师。平时我跟他视频也挺难的，因为全托老师不只带一个孩子，我想通过视频看他也不方便。对于孩子来说，他从小就没有妈妈的陪伴，缺少母爱。有时候我也会想，我再好好努力两年，再做出些成绩就退役，好好地陪他。怕就怕等我有时间陪他的时候，他已经长大了。前几天我和孩子说："有没有看到我训练多么辛苦？如果你不好好学习，我就把你送到体校去。"

他犹豫了下，说："那……不要吧，我还是好好学习。"

"你是愿意手里拿砖头还是拿笔？"我接着问他。

他这下回答得干脆多了："妈妈，我想拿笔。"

孩子现在的学习成绩是中等水平，外国语学校的竞争挺激烈的。以前在农村，他的成绩是学校第二名，但到了外国语学校之后，四门功课，他的成绩是三百五十几分。现在他在杭州过暑假，2023年下半年他就上六年级了。家里装了一个监控，我可以通过摄像头看到他坐在床上，躺下去，再盖上被子，他躺在床上后也看着摄像头。我看着他，很心疼。但是我不能和他讲，只能藏在心里。现在我在摇号，想下半年把他接到杭州读书。校方说给我走绿色通道，也不知道能不能通过。如果摇不上，我们会送他回泰顺。我老公现在住在工厂的宿舍里，这个星期天他接孩子去厂里住一段时间。

现在我的小孩、我的老公都能陪在我身边。然而，我人生中最大的遗憾其实是在我还没有做出什么成绩时，我爸爸就离我而去了。

那是 2013 年，我刚刚知道残疾人也可以考驾照，于是我就去考了。我以前很喜欢汽车，每次看到别人开汽车我都觉得"哦哟，好帅哦"。但是当时我以为残疾人是不可能开汽车的，我这辈子都没有这个机会，也就放下了这个念头。后来一听说残疾人能考驾照，我马不停蹄地就去考了。

那期间，我爸爸被查出得了癌症。于是我一边考驾照一边往家里赶，赶去医院看望我爸爸。我拿到驾照后，买了人生中第一辆车，想着带我爸妈去兜兜风。我是我们家第一个考出驾照的人，我爸妈都没有坐过汽车，所以我想让我爸妈体验一下坐小轿车的感觉。我要给他们开车门，帮他们系安全带，教他们怎么把车窗放下来。载着他们，不管去哪里都行，好好地兜风。最好让村里人都看看，让他们夸上一句："嘿，谢毛三真出息，真孝顺。"

我买车的时候快要过年了，到处都充满着喜气洋洋的气氛。可买车之后还没来得及上牌，我还没来得及把车开回家，爸爸就走了。我真想他不要这么急，再多等一等我。

因为我身体不方便，所以我爸这辈子最担心的就是我。到 2023

年下半年，我爸过世整整 10 年，我没有一年不梦到他，我每个月都会梦到我爸。2013 年的时候，家里条件不好，我还没有开始练皮划艇，工作也没有起色。如果他能看到我通过自己的奋斗拿到好成绩、享受我对他的孝顺之后再走，我也许不会这么遗憾。

我爸爸离开后，我经常看见大街上的老人，也挺想叫他们一声"爸"，每次见到我朋友的爸爸，我也会跟着他们一起喊"老爸"。这么叫了，我就觉得别人的爸爸好像也是我的爸爸，因为我没有爸爸了。我很想回去给我爸上坟，但是因为训练我走不开，所以我也想告诉身边有父母的人，在父母健在的时候尽量多陪陪他们，不给自己以后留下遗憾。

2012 年下半年，我儿子出生了。那时候很冷，我刚生产完，身体不太好，觉得手指头和脚指头都是僵的。于是我妈妈到杭州来照顾我，只剩下我爸一个人在老家。现在想想，他那个时候应该已经得癌症了，只是我们都不知道。因为他平时不怎么生病。我妈妈来帮我带小孩，我爸爸年纪大了，不会做饭，在家只能吃没滋味的馒头。后来我姐姐把这件事告诉我，我就觉得很对不起我爸爸。因为妈妈来照顾我了，就没人给他做饭了。这可能也是我这么多年一直梦到他的原因。

每次回老家，我都会跑到他坟上，除草、烧纸钱，一个人在那里待很久，跟他说说心里话。因为我妈妈是一个很爱哭的人，如果和我妈妈说心里话，她会更难受，所以我只能和我爸说。有一次我在我爸坟上待得很晚，天都黑了，四周很安静，但我却一点也不害怕，心里反而很平静。在我爸爸去世之前，我觉得坟墓很吓人。但我爸爸去世后，现在不管是在公墓还是其他的坟头上，我都没有一点害怕的感觉。去世的人只不过是以另一种方式生活着，他们只是在坟墓中"睡觉"而已，没什么可害怕的。最后我妈妈看我迟迟不回来，十分担心，就过来找我。

我想告诉身边的人：尽孝，不能等也不要等，也不要和兄弟姐妹去攀比。如果有一天父母不在了，后悔都来不及。你就算有再多的金钱，也于事无补。

我也经常和我的哥哥姐姐们说："你们现在能多给妈妈打电话就打，你打过去没人怨你，你叫'妈'有人应，你拿出一块钱，有妈妈伸手接过来。等妈妈有一天不在了，你就算拿出一万块或者更多钱，都没人接了。"

现在我身边也有四五十岁的朋友，他们的爸妈都还在，我很羡慕，有爸爸在真好。大家都说："女儿是爸爸的小棉袄。"我爸爸在世的时候，有些人会说："看，这是谁谁谁的残疾女儿！"我爸也因为我的残疾会被很多人看不起。现在我就想让他看看，这个以前被很多人看不起的女儿拿了金牌，在奥运会比过赛，现在有多么出色！但是他现在看不到了。所以我现在很珍惜妈妈在的每一天。因为训练，现在我也不能经常陪在妈妈身边，我也挺亏欠她的。

成为运动员后，您的生活是否有所改变？有什么想对其他残疾朋友说的话吗？

成为运动员之后，我的生活条件和各方面都有很大改善，更重要的是整个人也变得更加自信，可以说，皮划艇改变了我的命运，把我带向了更大的世界。这次纪录片《水让我重生》的上映，还有《水让我重生——中国残奥冠军访谈录》这本书的出版，都会让我更加坚定。我觉得我很自卑，但可能有比我更自卑的人，我也想让他们看到我的经历之后能走出家门，走向更广阔的天地。残疾人想要走出来，最重要的是自信，要克服自己心里的那道坎，要主动走出小角落，这一点除了自己，任何人都帮不了你。

余立

　　很多人做得比我出色，包括很多残疾朋友，无论在工作中或者其他方面，他们可能只是没有被看到，聚光灯没有照到他们身上，我只是正好在高光的地方。

赛艇运动员——余立

主要荣誉

2019 年被中国残疾人联合会和国家体育总局授予"2015—2018 年全国残疾人体育先进个人"称号

主要成就

2023 年，与队友在杭州第 4 届亚洲残疾人运动会中获"PR3 级混合四人单桨有舵手"项目金牌

2021 年，与队友在全国第 11 届残疾人运动会暨第 8 届特殊奥林匹克运动会中获"赛艇 PR3 级混合四人单桨有舵手 2000 米"项目金牌

2014 年，与队友在韩国仁川第 2 届亚洲残疾人运动会中获"男女混合 LTA 级四人单桨有舵手 1000 米"项目金牌

请您简单自我介绍一下。

我叫余力，1979 年 11 月 3 日出生在浙江海宁，小时候对水的感觉没那么强烈，就是去河、湖里游泳。对赛艇更是没什么了解，后来长大一点，看到孟关良和杨文军的奥运比赛之后才开始了解赛艇。

您在求学阶段有想过走体育道路吗？

我在金华的铁路学校上高中，毕业以后就去铁路工作了，学习经历比较短。求学阶段我经常会去踢足球，是业余选手。最接近职业比赛的时候是毕业后，有一个踢球的朋友让我去参加半职业的足球训练，但是当时家人比较反对，因为铁路的工作比较稳定。最后我还是没有去。

在铁路的工作是怎样的？

我们当时是四班倒，一个白班，一个夜班，之后休息两天。白班是 12 小时，夜班也是 12 小时。我们属于乔司的编组站，需要把车辆货车重新编组，我是吊车员，有点像铁道游击队，要在车上跳来跳去的。当时也有很多关系比较好的工友，很多同学毕业之后跟我一起进入车站工作，现在也会有联系，偶尔朋友圈看到了，也会联系一下。刚进铁路的时候，我在乔司编组站工作，站里有很多来自杭州的职工。有个年纪很大的职工，背微微有点佝偻，快要退休了，每天夹着一个包，就这样从杭州坐车来上班，下班之后回去。我每次看到他的时候都在想，是不是我以后一直会在铁路上班，几十年以后就跟他一样退休了？就这样过完一生。那时候感到比较迷茫，从学校毕业，也不知道这种生活是不是自己真的想要的。

您可以聊聊是什么事件导致您腿部的残疾吗？这件事情发生后您的生活发生了怎样的变化？

有一天我上夜班，要上 12 个小时，要上到凌晨五六点钟左右。当时有点下雨，我脚下一滑，我就摔下去被火车压到了。这件事对我打击很大，住院住了好久，应该有半年。当时我的父母一直陪在我身边，我也不想和社会接触，在家里待了很长时间。

您之后是如何调整自己，适应新生活的？

人的适应能力还是很强的，任何人碰到这种状况的话，都会慢慢适应。人还是要多出去走走，去接触社会。因为当时残疾以后走路不方便，戴假肢走路比较累，坐轮椅出行也不是特别方便，以前无障碍环境没有现在建设得好。我以前经常踢球，原来认识的业余队的那些朋友说，我可以做业余队的教练。之后带队参加了一些比赛，就慢慢调整过来了。

您是什么时候，通过什么契机被教练发现，进入浙江省残疾人赛艇队的？为什么选择赛艇项目？

当时，海宁市残联把我推荐到省里，我当时接触了一些残疾人运动项目，比如坐式排球，射击等，最后才转入残疾人赛艇队。那时候正好在备战八残会[1]，浙江在组建有残疾人赛艇队，我就被推荐过去了。

因为这是新项目，加上当时我的年龄也比较大，总觉得这可能是我的最后一次机会，再不抓住的话，不会再从事体育行业了，所以来的时候，我就下定了决心要好好训练。

当时带领您进入赛艇集训队的教练是谁？

我的教练是王慧清，她原来是浙江省赛艇队的教练，最早在女子青年队当教练，之后慢慢成为省队女子轻量级的主教练，她拿过很多全国冠军。她现在已经进入国家队了，在国家队工作。

您在队里跟教练和队友的关系是怎样的？

现在我们的教练是何东江，他原来是浙江省赛艇队的男子公开级教练员，是名老教练，他是退休后指导残疾人赛艇队的。队友之间的关系都很好，我们都希望通过这个运动走向更高的舞台获得全国冠军，或者参加世界比赛来实现自己的价值。在团队里，凝聚力还是很重要的，特别是我们这种多人艇的项目，需要大家齐心协力，我们才能发挥好水平。虽然很多时候我们会遇到一些困难，比如伤病等，但是大家会互相鼓励、互相支持。

您的一场比赛是怎样的流程？比赛中会遇到风浪吗？

一般情况，残疾人赛艇赛前需要做一个分级，区分残疾程度，

1　由中国残疾人联合会和国家体育总局主办，浙江省人民政府承办的中华人民共和国第8届残疾人运动会于2011年10月11日至10月19日在浙江省举行，主会场设在杭州，在嘉兴、绍兴、湖州设立分会场。

看是否能达到要求标准。运动员要下水检录，之后做一个准备活动，再到起点。一般都会有到达起点的时间要求，比如几点几分。大家一般会准时到达起点，最后等待裁判发令。一开始启动的时候，桨频比较高，启动的时候需要更快的动力，转入途中以后，我们的桨频相对比较稳定。桨频就是每分钟的划桨次数，桨频越高，强度越大。一般来说，我们会稳定在一个桨频上。如两公里的比赛，在比赛的最后阶段，会有一个冲刺的距离，距离在 250 米左右。但是这个也看队伍，有些强的队伍，可能会更早一点开始冲刺。

比赛时，我们会遇到风浪。风浪对比赛的影响很大，会影响成绩，所以赛艇比赛没有世界纪录。但是，它有"世界最好成绩"，运动员在顺风情况下取得的成绩和平风情况下取得的成绩相差比较大，所以"世界最好成绩"不算世界纪录。

对于残疾人赛艇这个项目，您觉得在哪些方面需要加大投入力度？

主要在训练方面。因为我们国家残疾人赛艇项目起步比较晚，所以训练周期偏短。我觉得如果能够投入一些资金，延长我们的训练周期，可能会对我们的项目有更大的帮助。

您所在的队伍在 2014 年韩国仁川亚残会中夺得了赛艇项目的冠军，可以和我们讲一讲您当时的心情吗？

当时心情很激动，应该说是在整个亚洲，我们队的总体水平比较高，所以我们在亚残会拿到冠军也是合乎情理的，在升国旗、奏国歌的时候，我非常自豪，感到自己为国争光了。

您和队友在 2021 年的全国第 11 届残运会暨第 8 届特奥会获得赛艇项目的冠军，实现四连冠是否成就感满满？

我只是一个舵手，夺冠这是团队合作、大家一起努力的成果，残疾人赛艇项目在国内不是特别多，应该只有我们浙江队起步相对早一点、强一点，如果碰到比较强的对手，竞争会更加激烈。

哪一场比赛是您感到比较遗憾的？

2012 年伦敦残奥会是我感到比较遗憾的一场，和第三名差了0.21 秒，自己还是希望能在残奥会取得一枚奖牌。那一个奥运周期，我们的训练比较系统、到位，只是最后差点运气，毕竟我们很少参加这种大型比赛，欠缺经验。总体来说还是蛮可惜，因为只差了 0.21 秒，当时我们划到终点，计时牌跳出来的时候，马上跳出了第一名、第二名的成绩，而第三名、第四名的成绩，需要通过视频确认。

您的家人给您支持吗？您在长时间的训练中和家人的关系是如何的？

家人都比较支持我。我小时候踢球，我母亲会给我买足球，那时候一件运动服很贵，尽管如此，我母亲还是会给我买。残疾以后，我在家没什么事情可做，后来去社区工作，也不是特别合心意。

我觉得对家人比较亏欠，训练的地方（千岛湖）离我家也远。因为经常要封闭训练或者系统训练，我回家的次数会比较少。如果没有重大的比赛，有时候我可以请假。平时我很少有时间照顾家人，我跟我老婆是通过别人介绍认识的，我们 2019 年结婚。她最近怀孕了，预产期是 10 月，但我没办法照顾她，只能经常在微信上联系，偶尔视频通话。等孩子出生之后，我希望自己能够尽量照顾好家庭，因为我的年龄已经蛮大了，也许近几年我就要退役了。

您第一次获得金牌是在哪场比赛？

我第一次获得金牌是在第8届全国残疾人运动会，那是我们参加的第一个正式的比赛。当时最大的对手是广东队，因为它原来是国家队，参加过很多国际赛，成绩也很不错。我们是抱着冲击的态度去的，有点初生牛犊不怕虎的劲儿。赢得比赛其实是靠平时训练的积累，因为已经练到一定程度了，最后的结果是水到渠成的。获奖的时候，我们没有特别激动，但第一次拿金牌肯定是很开心的。比赛结束后，我作为舵手要控制体重，吃得比较少。但回去后队友请我吃了红烧肉，我当时有近半年没吃肉了。我们也拿到了奖金，一块金牌的奖金是15万。

您平时怎么控制体重？

主要是在饮食上控制体重，也会和队友一起进行有氧训练。

您觉得在这么多年的体育经历当中，您参与体育获得了什么，又牺牲了什么？您觉得这种牺牲是否值得？

我觉得，获得主要体现在人生价值上。对家庭来说，我觉得陪伴家人的时间少了很多。这是一种取舍，也没办法说这种牺牲是否值得，只能说跟家人待在一起可能也会是一种不错的选择。

您如何看待运动员这个职业？您认为要成为一名优秀的运动员，最重要的是什么？

我觉得是坚持，遇到困难时，需要坚持。做任何事情都需要付出，运动员不是那么好当的。

您考虑过退役吗？

我有考虑过。退役之后，我想找个安安稳稳的工作，陪伴家人。

您在从事这项运动后得过最大的伤病是什么？

我们是坐姿划船，我的臀部长了一个很大的包，之后就没法动了。医生说要么切除，开刀的话可能要休息两三个月；要么保守治疗，要静养。最后我还是选择了保守治疗，养了大概一个月。另外，有腰伤的赛艇运动员很多，因为我是舵手，相对好一些，我的脊柱有点弯曲。

听说日常生活中您爱好摄影，您拍摄的一组题为《古运河上的时代速度》的照片，曾经获得"我眼中的美丽长安"摄影大赛一等奖，您可以和我们讲一讲您爱好摄影的原因吗？

我表哥送了我一台相机，那时候我已经残疾了。我在家里面待的时间比较久，我表哥经常来开导我，后来他送了我一台相机，之后我偶尔会去拍一拍，但也不是特别认真。有一次，在我们队里，我拍了两张照片，在嘉兴市残联组织的摄影比赛里拿了一个奖。我在这方面可能还有一点天赋，刚开始是拍着玩，后面就养成了习惯，经常会带着相机去拍摄。我希望把美好的景色留下来，分享给别人。

您曾经被中国残疾人联合会和国家体育总局授予"2015—2018年全国残疾人体育先进个人"称号，被浙江省人民政府授予一等功一次、二等功一次，当选为海宁市残疾人自强模范，获得了这些荣誉，您有什么感想呢？您觉得荣誉意味着什么？

荣誉都是别人给的，很多时候我还是觉得自己做得不够，荣誉也不一定是完全属于我个人的，是我们整个团队努力获得的。很多人做得比我出色，包括很多残疾朋友，无论在工作中或者其他方面，他们可能只是没有被看到，聚光灯没有照到他们身上，我只是正好在高光的地方。

您对残疾人运动事业有怎样的希望和祝愿？

希望更多的残疾朋友能够走出来，参加运动。

第二章
谁让我重生

谭玉娇

　　无论是做选择还是训练，是承受痛苦或是享受荣耀，有些时刻只有自己才能熬过去。

举重运动员——谭玉娇

主要荣誉

2021 年获浙江省体坛十佳"最佳残疾人运动员"

2017 年获全国群众体育先进个人

2016 年获"全国三八红旗手"称号

2016 年被中华全国总工会授予"全国五一劳动奖章"

2016 年获"中国青年五四奖章"

主要成就

2024 年巴黎残奥会（第 17 届夏季残疾人奥林匹克运动会）获 1 枚金牌，并打破世界纪录

2023 年杭州第 4 届亚洲残疾人运动会获 1 枚金牌，并打破世界纪录

2021 年东京残奥会（第 16 届夏季残疾人奥林匹克运动会）获 1 枚金牌

2019 年全国第 10 届残疾人运动会暨第 7 届特殊奥林匹克运动会获 1 枚金牌，并打破世界纪录

2016 年里约残奥会（第 15 届夏季残疾人奥林匹克运动会）获 1 枚金牌，并打破世界纪录

2014 年仁川亚残运会（第 2 届亚洲残疾人运动会）获 1 枚金牌，并打破世界纪录

2012 年伦敦残奥会（第 14 届夏季残疾人奥林匹克运动会）获 1 枚银牌

2011 年全国第 8 届残疾人运动会获 1 枚金牌

2009 年全国残疾人举重锦标赛获 1 枚金牌

社会任职

2024 年 9 月当选国际残奥委会运动员委员会委员，是首次担任该职务的中国运动员

2023 年 8 月担任浙江省残疾人联合会第 8 届执行理事会兼职副理事长

请您简单介绍一下自己。

我叫谭玉娇，1990 年 10 月 4 日出生于湖南省韶山市银田镇。

您从小学习成绩很好，本可以选择考大学的，为什么要走上举重这条既艰辛又漫长的梦想之路呢？

我是机缘巧合之下走上这条路的。我 13 岁的时候，参加了一个残联的运动员选拔，然后被我的启蒙教练选中了，我跟着他训练了 1 个月后，就拿了省运会（湖南省第 6 届残疾人运动会）举重冠军。

那时我才读小学六年级，学习成绩还可以，因为有参加这种活动的机会，觉得挺难得。后来拿了这块金牌之后，我觉得人生多了一份选择。参加完这个比赛后我回到老家读初一，读了一个学期。因为我们班是重点班，是由原来各所小学里成绩排名较前的同学组成的，所以同学们的成绩都特别好。那个时候在学习方面我觉得挺有压力，但是我的学习成绩还是挺好的，我那时候是我们班的第二名，同时也是年级的第二名。我可能属于那种想得比较多的孩子，我读书也不像其他同学那样刻苦，所以我觉得挺有压力的。我在小学六年级拿了金牌后，裁判长对我说，如果以后我有机会能够好好训练，举到多少公斤就可以进入国家队，说不定能代表中国参加世界级的比赛。他当时说的一番话在我心里埋下了一颗种子，对我来说，似乎另外一条路在向我招手。于是，我在读初中时就在思考这件事情。后来，在上政治课的时候，我们被政治老师问到了这样一个问题：你们的梦想是什么？我当时回答他说我有两个梦想。一个梦想是当作家，当作家可以在家里写作不用出去上班，因为我腿不好，这个职业比较适合我，而且我从小作文写得比较好，我也挺喜欢写东西的。另一个梦想是未来有一天站上奥运会最高领奖台，因为我之前参加湖南省残运会获得了金牌。当时的一幕历历在目，我老师说如果你想成为奥运冠军，那就要去训练，不去训练肯定无法实现这个梦想。我说老师你放心，我很快就会去的。

一开始是机缘巧合，但是后面我有了自己的思考。我给我的启蒙教练打电话，正式地请求他带我训练。我到初一第二个学期的时候，也就是 2004 年上半年，转学去了湘潭市体校，从此正式成为一名举重运动员。

至于我为什么决定要去学举重，我的一个想法是，我当时还在读初一，就要和这么多同学竞争，虽然我的成绩还算不错，但是我并不能以一个非常轻松的状态获得优势。未来，走上社会后，我可能要和更多的人竞争，而且在这个竞争的过程中，有很多事情是我不能做的，比如上体育课、参加一些班级组织的活动。让我和健全人竞争，我觉得我没有优势，或许我走一条属于自己的路，我的人生会变得容易一些。

您在 2007 年的全运会上因只获得银牌而无缘 2008 年的北京残奥会，您是如何调适自己的心情，继续向前的呢？

其实，即使我在 2007 年的全运会上获得金牌也不一定能参加 2008 年的北京残奥会。当时我们获得信息的渠道是很有限的，只是听说拿了金牌之后能参加 2008 年的北京残奥会，但后来我进入国家队之后，听国家队的教练以及队友说起这个事情——即便在全运会上拿到金牌，要想参加 2008 年的北京残奥会还是很难的。最终通过选拔参加北京残奥会的运动员们在备战残奥会之前已经做了一系列的准备了，包括去国外参加比赛拿积分。我们当时得到的信息是，如果在全运会上获得金牌是有机会去争取残奥会参赛名额，所以我当时在获得银牌之后比较失落。当时年纪也比较小，初出茅庐，很懵懂，谈不上调适自己的心情，因为知道自己的火候还不够，当时的水平也不拔尖。得知自己无法参加 2008 年北京残奥会的确切消息之后，我更多的是想自己要继续努力，以后肯定有机会。

2009 年，在印度世界轮椅及肢残人运动会上，您拿到了人生中的第一枚世界冠军奖牌，您觉得夺得金牌与哪些因素密不可分？

这是我进国家队后第一次出国比赛，拿金牌还算比较顺利，是顺其自然的结果。因为我从 2003 年开始接触残疾人举重，2004 年正式开始训练，这个时间段我的训练从来没有间断。我之前也遇到过很多的困难，但我没有放弃举重，一直在坚持，可能是量变产生质变，我训练达到了一定的水平，最后才被国家队选中参加这场比赛。

所以我觉得第一个因素是我对训练没有懈怠，一直持之以恒。第二个因素是我遇到了自己的伯乐——国家队的主教练李伟朴老师，在那一年的全国残疾人举重锦标赛之后，他把我选入国家队，我才有了出国比赛的机会。第三个因素是家人对我的支持，在 2004 年到 2009 年，我大部分训练的支出是家人在承担。过去这么多年了，各省的残疾人举重训练都是由省残联出资的，但是在早期，湖南省残联对残疾人举重训练似乎不是那么重视，所以我的训练费用在大多数时候由我家人出，所以我能获奖也与家人的支持密不可分。

您当时在比赛中有遇到很强劲的国外选手吗？

没有。举重一般是举三次，我第一次上场就和他们拉开了五公斤的距离，可以说我是比较顺利地拿到了这块金牌。

在备战伦敦残奥会时，您是如何平衡自身的压力和动力的？

伦敦残奥会是我参加的第一届残奥会，当时我入选了中国体育代表团，确认自己能去伦敦之后，我对自己有很大的期待。2009 年到 2012 年，发生了很多事情，我从湖南来到浙江。来到浙江之后，浙江省残联出资把我送到了国家队教练李伟朴老师那里。2010 年到 2012 年，我的成绩有了飞速的提升。虽然我在 2009 年印度世界轮椅及肢残人运动会顺利地拿到了金牌，成为世界冠军，但是我当时的比赛成绩并不拔尖，谈不上世界一流的水平。但到 2012 年，我的成绩从能举起 115 公斤、120 公斤到能举起 145 公斤，有了约 20 公斤的进步，这个成绩也让我在国际顶尖运动员之中有了一席之地。所以基于这点，伦敦残奥会之前，我对自己的期待非常高，对这枚金牌的渴望非常强烈。尽管也有压力，但我只想一门心思、一股脑儿地往前冲，动力很足。

在伦敦残奥会比赛的前三个月，我受伤了。我当时是抱着很大的渴望和冲击金牌的信念去训练的，然而在一堂训练课中受伤了。在这之前，我已经隐隐约约地感觉到左边的肩膀不舒服，但是我内心的渴望主导着我，把我训练中的疼痛和不适压制下去了。那堂课之后，我的左边肩膀非常疼痛，这个时候我的压力也随之而至。当时在我所属级别的世界排名中，我排在第二名，排在第一名的是一位法国运动员，她的排名成绩大概是我训练的最好成绩，也就是说如果我想拿到这块金牌，我必须在训练中保持高度专注，还要有一点点的提升，才能在奥运会上和她抗衡。尽管一开始我处于劣势，但是我有信心做得更好。一受伤，我的信心和优势立马就没有了。因为要想在那么短的时间内恢复非常严重的伤病，并把自己的运动状态调整到最好，是一件非常难的事情，所以那个时候压力非常大。

至于如何维持压力和动力的平衡，我认为要学会开解自己，积极地接受治疗、配合康复训练，不能自暴自弃。教练开解我说，这是我第一次参加奥运会，虽然遇到了这么糟糕的一个状况，但是等到我恢复到一个稍微理想的状态，我是可以确保在奥运会上拿到一块银牌的。即使我受了那么严重的伤，但可能拿到一枚银牌，对我来说已经非常难得。他们安慰我不要太纠结这件事情，既然事情已经发生了，就只能调整好自己的心态，即使拿不到最好的，但是在第一次奥运会之旅拿到一块银牌也非常不错。有很多运动员可能都参加不了奥运会或者站不上奥运会的领奖台。转换心态之后，在伦敦残奥会上我真的获得了银牌。

继里约残奥会夺金之后您又在东京残奥会上夺金，您是如何保持这种专注的？会有懈怠的时候吗？

对我来说，我没有懈怠的时候，因为我是目标非常清晰的人，可能我平时一个人在家里时会比较懒惰，但是在队里训练时，我非常自律，可以说是出于一种职业素养。因为我从小就开始当运动员，训练和比赛是我必须做以及必须做好的事情，所以我只要一集训，或是站上赛场，那种状态就会自然而然地出现。这种专注应该是源于多年的锻炼，我一直有拿奥运金牌的目标。

在里约残奥会上夺金比较顺利，那段时间我在国内外的比赛中都获得了金牌，并且都打破了世界纪录，一步一个脚印，我最终走到了自己想要抵达的地方。

因为新冠疫情，东京奥运会推迟了一年，备战周期为五年。这中间发生了一件艰难的事情——2019年，我的右边肩膀肌腱撕裂，这远比2012年的伤病严重得多，给我造成了很大的困扰。右边肩膀受伤之后，我有一些不知所措，它来得太突然、太严重。我当时在国内看了四家医院，医生都建议我做手术。在备战东京残奥会的后期，我受到比较严重的伤病的困扰，花了很多的精力做康复治疗。当然我也有想过，也许因为伤病自己无法参加残奥会，或者无法再获得一枚奥运会金牌了。虽然新冠疫情导致奥运会推迟，但推迟的一年时间反而给我治疗肩膀争取了非常宝贵的时间，我利用这一年时间慢慢从谷底一点一点地爬了起来。

您觉得您的成功与哪些人密不可分？

第一是坚强勇敢的自己。因为运动员在整个过程中始终占据主导地位，无论是做选择还是训练，是承受痛苦或是享受荣耀，有些时刻只有自己才能熬过去。

第二是我的启蒙教练彭向荣。他选中了我，让我成为一名残疾人举重运动员，是我的伯乐。

第三是我的国家队主教练李伟朴。2009年他把我选入国家队，从那时起到 2020 年 3 月，他一直在陪我训练，本来他可以陪我去东京残奥会的，但后来他因为身体状况没能去成。他把我培养起来，给了我很多人生建议，他带着我拿到了奥运冠军，让我成为世界纪录的保持者。前段时间北京奥组委做的节目《双奥之缘》，我把链接发给李教练，我说老师您是我的恩人，如果没有您我就没有今天，所以我觉得他是我的恩师。

第四是我的新教练——张海东。他是我们国家最早的男子残奥会冠军，他曾在运动员时期获得四届残奥会冠军，退役之后他成为一名教练。他是近几年才来国家队担任教练的，因为李教练退休之后我面临没有教练的情况，当时是我自己选择跟着张教练训练的。选他的理由有几个，首先是他在运动员时期创造了非常辉煌的成绩；其次是他在运动员时期也遇到了非常严重的伤病，他通过和教练的配合以及治疗，克服了伤病，以四块奥运金牌的成绩退役。因此，我需要这样一个人在我受伤的时刻引领我、帮助我。事实证明我的选择非常正确，张教练在一年多的时间中给了我非常大的帮助，不仅仅是训练上，还包括心态等方面。有时候我会有焦虑的情绪，他能及时地给我疏导。因为他本身也是残疾人运动员，我和他对话会更有共鸣，他更能理解我的难处和心情，所以我当时拿到东京残奥会的冠军之后，非常　开心，同时也非常感谢张教练。

第五是我的家人。家人给予我的更多的是默默的支持。

第六是我的领导。在我的成长过程中，我遇到了很多很好的领导，他们给予了我很多的帮助。其中一些领导给了我很好的引领，告诉我在人生的一些阶段应该怎么做。在东京残奥会之前的时间对我来说是非常艰难的一个时刻，当时浙江省残疾人体训中心主任以既是领导又是朋友的身份给了我很多的力量。那个时候我非常艰难，不仅受伤，还滞留在国外。我们 2022 年 6 月去阿联酋参加最后一次积分赛，因为我打了疫苗，血清抗体比较高。其他人都回国了，但是我回不了，我只能在阿联酋等待。国家队领导说如果解决不了这个问题的话，我很有可能去不了东京残奥会。我当时受的伤好不容易康复，能去奥运会，结果新冠疫情导致我可能去不了东京残奥会，这个时候我只能依靠各方领导想办法帮我解决问题。当时浙江省的领导非常好，他们极力地安慰我，给了我很多的力量。

您来到浙江之后，浙江给您提供的精神和物质方面的帮助如何？

我从 2010 年就来浙江了，从 20 岁开始到现在已经十几年了。到了浙江之后，我的成绩才有提升，包括我后来拿到的所有的成绩，都是代表浙江拿到的，即使刚开始我不是由浙江省培养的。这些领导也是由衷地为我感到高兴，我能从老家来到外面训练和打拼，虽然身体有一定的残缺，但是我没有放弃自己，一直在努力，不管遇到多大的困难也一直在坚持。运动员身上背负着取得优异成绩的责任，我们出去比赛都是代表浙江或者中国，我们身上具备这种使命感，这也是一种相互成就。

周佳敏

　　当你觉得失去了重要的东西时，也许只是因为你的目光短浅，只盯着手里失去的那一点儿。实际上，你所失去的，可能远远没有你以为的那么重要。

射箭运动员——周佳敏

主要荣誉

2016 年，被中华全国总工会授予"全国五一劳动奖章"

主要成就

2019 年残疾人射箭世锦赛获复合弓女子团体金牌（236 环，破世界纪录）和复合弓混合团体金牌（排名赛 138 环，破世界纪录）

2016 年里约残奥会（第 15 届夏季残疾人奥林匹克运动会）金牌

2015 年全国第 9 届残疾人运动会获女子复合弓团体铜牌、复合弓混合团体银牌（破全国纪录）、女子复合弓 W2 级公开级双轮赛银牌（破全国纪录）

2015 年德国世界残疾人射箭锦标赛获女子个人复合弓 W2 级淘汰赛第四名

参与社会活动

2024 年，入选巴黎残奥会（第 17 届夏季残疾人奥林匹克运动会）中国体育代表团射箭项目运动员名单

2023 年，入选杭州第 4 届亚洲残疾人运动会中国体育代表团射箭项目运动员名单

2021 年东京残奥会（第 16 届夏季残疾人奥林匹克运动会）代表中国队参加女子复合弓项目比赛，被选为中国体育代表团在东京残奥会开幕式旗手

首先请您自我介绍一下，并讲讲您行动不便是什么导致的。

我叫周佳敏，1990 年 2 月 9 日出生在宁波奉化。我妈妈说，我出生后不久，她把我抱回家时发现我的脚在抽搐，不得不把我送到医院治疗。从那时起，我经历了四五次手术，但都未能取得成功。小时候我还能勉强走上几步，但现在，我的右脚已经无法着地。

这种状况与小儿麻痹症的症状非常相似。但是，我的父母并没有给我一个明确的解释，以至于我自己也不太清楚究竟是什么导致了我行动不便。不过，我想这并不重要，因为这是我生命中的一部分，我已经接受了这个事实。

面对这个问题，我选择了顺其自然。虽然我无法像其他人那样轻松行走，但我知道这并不意味着我无法追逐生命中的美好。坐轮椅也并没有什么大不了的，只不过会对我的生活造成一些不便。当然，我不能参加爬山这样的活动，但这并不妨碍我享受生活的乐趣。我学会了用轮椅代替双腿，我依然可以自由自在地探索这个世界。毕竟，生活总是充满了无限的可能性，我不会因为一个小小的障碍而放弃追求自己的梦想和幸福。

您的童年和青少年时期是如何度过的？

童年和青少年时期我都过得非常快乐。我一直都是个学习不错的学生。自小学到高中，我的成绩通常名列班级前十。当然，我并非那种常年获得第一名的学霸，我只是能偶尔获得一次第一或第二的好成绩。我在上小学之前经历了很多次手术和康复，这也成为我童年里最难忘的回忆。每次手术或康复的过程都让我感到痛苦，但这段时间也是我最幸福的时光，因为我的父母始终陪伴在我的身边，给予我坚定的支持和无尽的爱。在病房里，我总是最小的小朋友，受到很多人的关心和照顾。

那个时候，我住在上海长征医院走廊最靠近电梯的病房，病房里有 8 张床，住的都是骨科的患者，我是那里年纪最小的病号。在我的病房里，有几位叔叔，他们在接受手术治疗后，医生还要用机器掰腿，他们嗷嗷叫的声音最让我印象深刻。在病房里，我也交到一些朋友，隔壁床的小姐姐手骨折了，我天天跟她一起玩。那时候我还没有接受手术，等我手术结束，打上石膏以后就不能动了，康复的阶段就不是那么美妙了。因为我的手术难度挺大，接受手术治疗后的我特别虚弱。伤口最开始会疼，而且腿会抽筋。

认识的这些人和在这里的经历让我感到温暖，让我更加坚定地走下去。现在回想起来，我非常感激那些陪伴我度过困难时期的人。他们的关爱和支持，让我有了更多的勇气和信心，面对生活中的挑战和困难。我深知自己是幸运的，因为我被爱包围着。

什么样的契机使您接触射箭这个体育项目？

2013 年，我 23 岁。我在没有经过正规训练的情况下参加了宁波市排球比赛。当时我妈妈在我完全不知道的情况下答应别人让我参加比赛。我和她说，"你为什么要答应人家，我完全不会打排球"。我妈就很淡定地和我说，"没事，你去玩玩，他们说没事，不会也没关系"。最后，我只能硬着头皮上了。比赛之前我们也没有做特别充分的准备，一群不会打排球的人聚在一起，练了一个礼拜左右就去打比赛了。比赛的时候我感觉还挺好玩的。那场比赛是在夏天，热得要命，汗流浃背。虽然我技术不佳，但我发现自己非常享受和这群人一起玩的时光。感觉那时候的自己是一个什么都不懂，成天傻乐的人。

在排球比赛之后，我被邵淑芬教练选中了。我记得那天她穿着一件蓝白色长外套，个子高高的。我坐在场地上，她从场地左边走过来，脸上笑眯眯的，然后问了我一个问题："小姑娘，你要不要试试射箭？"我十分高兴地答应了。反正那时参加工作不久，自己也挺喜欢射箭项目。我的性格确实比较适合这样的项目，只是之前没有这样的机会。

10天后，我就去了，那是我第一次到射箭队训练中心，我就这样正式开始接触射箭项目。邵教练后来跟我说，我那时候就像个丑小鸭，排球比赛的时候有一个救球，她说，健全人都够不到的一个球，我还往那扑，虽然我的能力有限，但是非常有竞技精神。

在进射箭队之前，我完全没有接触过这个项目。小时候最多玩过玩具小弓之类的，感觉还挺好玩。其实，像球类、游泳这些运动我也喜欢，但是因为自己的身体条件没那么好，体型胖乎乎的，挪一挪都挺费劲。所以当邵教练来找我的时候，刚好我又喜欢射箭项目，自己又比较适合练这个项目，于是在机缘巧合下，我加入了射箭队。

我家人十分支持我选择体育这条道路。当时，父母觉得从事体育行业可以锻炼身体，对我身体康复有好处。但是他们也有一些顾虑，比如他们觉得我好不容易找到一份安稳的工作，而且运动项目毕竟是要从小练起的，我都23岁了。不过我觉得自己的未来还是由自己决定，喜欢就可以尝试，人生主要在于尝试。我到现在都觉得，人生主要在于经历，得尝一尝酸甜苦辣咸，这样才不枉费活在这个世界上。

请您详细谈谈您的体育生涯或经历？

我第一次走进训练场地的心情难以言表。我能不能参加奥运会这个问题，像一颗种子开始在我心里生根。小时候，我梦想成为一名军人，但身体的问题让这个梦想破灭了。这次，我决心努力实现"参加奥运会"这个梦想。

教练给了我希望，她说一切都有可能。从那一刻起，我就拼命地练习，训练量比其他人多，晚上我还会一个人去体能馆练习。手指从长水泡到长血泡，再到长茧，我的手从一双漂亮的手变成了黝黑粗糙的爪子，这也许是成功的代价。

记得第一次参加全国俱乐部比赛，那是个雨夜，冷风中的我从中午比赛到深夜12点，淋了将近12个小时的雨，还要照顾和我住同一间房的高位截瘫的小妹妹。那一夜，我终于体验到作为运动员的不易，但收获也是巨大的。

后来，我第一次参加全国比赛，拿了个人的第二名。但内心偏执的我觉得，只有拿金牌才能被人记住。这种心态在后来的全国比赛和世锦赛中一直困扰着我，其实对我并不利。总体来说，这条路虽然充满挫折和痛苦，但每一次的付出都让我更接近梦想。我不想庸庸碌碌地过完一生，而是要有所追求，有所付出，有所收获。我知道，为了五星红旗升起而付出的努力，都是值得的。

2016年9月，我参加了里约残奥会，那是一场改变我人生的比赛。准备参加里约残奥会的过程并不容易，那年 5 月中旬我才正式进入国家队集训，这之前我休息了近一年。因为我打完世锦赛以后，国际射箭联合会（下文简称"国际箭联"）只给了中国队一个名额。虽然按照规定我已经进前八名了，是符合国际箭联的标准的，但是我们中国队另外一个选手拿了第二名，我拿了第六名，我拿下来的名额就自动归还给国际箭联了，因为国际箭联要保证参赛选手的多样性，所以我就没进入国家队。那时其实我挺伤心的，觉得自己不够努力，没有拿到更好的成绩。我还要做一个决定：是再练一个周期，等下一届奥运会，还是放弃。我心里还是舍不得，决定还是再练一个周期。

我的运气很好，我记得 5 月 15 日我回队了，回队第二天，教练就跟我说："你可以进国家队了。"我说："我们不是只有一个名额吗？"教练回答："还有名额，就按照上次世锦赛国际排名，又把你的名额放进去了。"

在她跟我说完这个消息以后，我就在房间里坐了蛮长一段时间。我在想，这个比赛要怎么打。其实上一次世锦赛的时候，我练得不差，但是我太想要拿一个好的成绩了，对于成绩的执念对我的心态可能造成了一些影响，成绩就没那么理想。所以这一次，我对自己说，我不能像上次一样。有些东西就是越想抓反而越抓不住，越想握紧，越是从手里流失。除了心态以外，我面对的还有另外一个挑战。因为当时我已经一年没训练了，这次我只有三个半月的时间备战，我要先恢复力量，再巩固技术，再去谈成绩。我不想给自己太大的压力，只要全力以赴去拼就好。

我记得第一天是预赛，总排名依据的是预赛成绩。我印象特别深刻，上赛场的时候教练问我："你现在感觉怎么样？"我知道她的用意，其实想问是不是还像世锦赛一样那么想"抓住"。我记得我是这样回答她的："我这一次高高兴兴地来，高高兴兴地回，不管成绩怎么样。"可能也是因为这种毫无压力的心态，我那场比赛的成绩蛮不错。

里约残奥会那一场的比赛场地在海滩边，风特别大，而且风向变得特别快，像是龙卷风一样。我那时候打的是670多环，女子个人排名第一，比第二名多出了挺多环，比我们中国队的男子选手多打了十几环，我也有点出乎意料，自己能打这么好。拿到个人金牌之后，我就彻底放松了。其实我那几个月的状态一直是紧绷绷的，在拿了金牌后，我睡了最踏实的一个觉。

后来在混双比赛中又拿到了金牌，我突然觉得一切都值得了。我知道我不会被批评了，我已经得到了我所能想象的最好结果。我的教练看起来也很激动，我第一次看到她眼眶泛红。我拿到金牌的那天，我把奖牌的照片发给了妈妈。她问："这个是金牌吗？"我说："是的。"她说："好的，我上班去了。"看起来好像她并不太关心这个问题。但实际上，我妈后来告诉我，她在我拿到冠军后高兴得两个月都睡不着觉。

金牌给我的生活带来了巨大的变化。一开始是无尽的采访和领导们的来访，打破了我原来平静的生活。我父母也常常请朋友们来家里吃饭庆祝。因为我是运动员，有些食物我不能吃，但我总是陪着他们。

里约残奥会的比赛结果完全超乎了我的预料。我当时对冠军还没有太多的感觉，反而是回国后，接受大量媒体采访时，我才真正对自己取得的成绩有所感受。我曾以为自己只是残奥会项目中的一员，大家一个月后就会忘记我。但事实上，这次比赛对我的人生产生了巨大的影响。至今我还会接受许多采访，我深深体会到，胜利给我带来了更多的机会和关注。

在 2021 年东京残奥会的开幕式上，一个小插曲让我十分难忘。我被选为旗手，这对我来说无疑是一个巨大的荣誉。然而，开幕式当天，一个意外的情况让我陷入了紧张和尴尬的境地，但也留下了难以磨灭的记忆。

我和另一位旗手并肩走在场地上。由于我的同伴是右手截肢，他站在我的左边。我的插旗杆的辅助管被拆掉后绑到了另一边。但是，辅助管没绑牢，当我的同伴拉扯旗子的时候，我的旗杆往同伴那边偏。而我正好坐在滚轮椅上，两只手必须握住轮椅，才能确保轮椅不偏离方向。

真的，当时我感到一阵阵的紧张和担忧。我全神贯注地保持平衡，怕自己会突然倒下。我告诉同伴不要再扯了，因为旗杆真的快要倒了。本来，我应该走得慢一些，但是因为我的队友跟着我走，如果我不快点走，旗杆就会倒下。所以我的速度快了很多。我由于一只手使劲扶着旗杆，只能用另一只手控制滚轮椅。那个时候，我真的是满身大汗，紧张得要死。我深深呼吸，尽力保持冷静，让自己的手不要颤抖。最终，我成功地完成了这个任务，虽然过程中充满了紧张和挑战，但这成为我一生中难以忘怀的经历。我当旗手的那一天，虽然充满了意外和紧张，但这个小插曲让我更加珍惜那次难得的机会。我想，我这辈子都不会忘记那一天的经历。

2021 年的东京残奥会，对我来说又充满了遗憾。"黄心病"困扰我两年了，像一个阴影一样伴随着我，我无法摆脱它。很多射箭运动员都会有"黄心病"，因为射箭运动员在长时间的训练和比赛中需要集中注意力瞄准箭靶中央的黄心，我们会对黄心产生视觉疲劳，并在潜意识中对其产生拒绝心理。这种心理进一步导致我的动作变形，手臂摇晃不定，以至于射出的箭都偏离了靶心。

在东京的比赛期间，我的表现确实不尽如人意。我不禁开始对自己失去信心，心中充满了自责和遗憾。我常常在心里默默地告诉自己："你曾是奥运会的冠军，你的训练成绩也一直不错，你应该展现出更好的水平，不能让大家失望。"然而，这样的自我暗示并不能帮助我发挥出应有的水平，反而让我更加紧张，更加害怕失败。

东京残奥会比赛结束后的半个月，我沉浸在无尽的自我怀疑和沮丧中。我把自己锁在房间里，对外界没有一点儿兴趣，手机在那，我却无心触碰，连电视剧都变得索然无味，仿佛整个世界都失去了色彩。每天我就这样坐着，沉溺在自己的想法中，不愿做任何事情。那段时间，像一场无尽的暴风雨，把我从之前的自信和活力中彻底摧毁。最后，我选择了退役。我如果再这样下去，没什么意义。可能是我之前太顺利了，从开始训练到拿冠军，我只用了 2 年多的实际训练时间，真是一路顺风顺水。跟其他奥运冠军选手在领奖台上的热泪盈眶不一样，在很长一段时间内，无论是国际比赛还是亚洲比赛，只要我参加比赛我就能拿冠军。

然而，当教练再次给我打电话，告诉我国家可能还需要我参加比赛。我一个人跟自己较劲，内心挣扎了两三个月。最后，我决定去中心报到，自己拿着弓，一个人去训练，我坚定了自己的信念，更加深刻地理解了什么是真正的挑战。我从这些经历中意识到了坚持与毅力的重要性，学会了如何面对困难和自己的内心。我会继续前行，无论未来的路有多么曲折坎坷。我知道，人生就是这样，总会有低谷、有困难。问题不在于你遭遇了什么，而在于你如何面对它。最终，我开始强迫自己走出低谷，重新找回自我，找回那个为了梦想拼搏的我。

请您介绍一下这个体育项目的状况，如射箭的分级、场地、规则、装备等。

残奥会射箭与普通射箭最大的不同是分级制度。射箭比赛在残奥会中有着独特的分级制度，这种制度是为了确保为肢体残疾程度不同的运动员提供尽可能平等的比赛条件。这样一来，无论运动员的残疾程度如何，都能够充分发挥自己的水平，与其他人一起公平竞争。射箭比赛共分为三个级别：ARST级、ARW1级和ARW2级。每个级别都有各自特殊的规定，适应不同残疾情况的运动员。例如，ARST级通常包括单腿膝下截肢的运动员，他们可以选择戴假肢参加比赛。对于那些腰部和腿部有问题的射箭运动员选择坐在轮椅上。但为了确保比赛公平，轮椅的靠背高度不能超过腋下11厘米，避免运动员因为轮椅的支撑而获得不公平的优势。ARST级和ARW2级被归为轻残级别，这两个级别的运动员往往会混合在一起比赛。这是因为他们的技能水平相近，而且奖牌数量有所减少。ARW1级则为重残级别，适用于三肢有问题的运动员，并要达到一定的分数标准。这些运动员的残疾程度通常比较高，例如高位截瘫。因此，他们在关节活动度、肌肉力量和躯干健康状况等方面受到的评估和打分比较严格。

在场地方面，复合弓的实射距离为50米；反曲弓的实射距离为70米。因此，射箭场地通常需要达到至少90米的长度。场地通常是坐北朝南，尽量避免太阳直射运动员的眼睛，太阳直射眼睛会妨碍运动员。射箭比赛基本是在草皮上进行的。你可以将场地理解为一个巨大的足球场，但场地没有球门和标线，而是几条长长的起射线、装备线、3 米线等。场地上还有靶道，通常两个靶道会被设置在一个框里。

我觉得这个项目可能是由古人狩猎发展而来的。射箭有很多类，比如有室内射箭、室外射箭。原野赛属于室外赛，可能会在一个山头的各个地方设立靶子，然后参与者去打靶。我们训练和比赛，还有原野赛，都是在室外；室内赛的距离是 18 米左右，黄心会非常小，跟射击项目比较接近。我觉得室外挺好的，如果没有风，可能乐趣性就会降低。此外，还有关于射箭项目的室内赛。

考虑到风的影响，比赛的时候会插一面风向旗，选手可以通过风向旗知晓靶前的风速和风向。选手对风速和风向也有大致的感知，比如现在的风是从我的左面、右面，还是迎面吹来的。遇到小的风，我们基本上不太会调整，遇到大风我们就会调整。

在比赛规则方面，残奥会射箭与普通射箭有相似之处，也有一些不同。健全人的团体比赛中，一个人射完箭后需要立刻下来，由下一个人上场。但在残奥会比赛中，由于运动员行动不便，规则允许他们在射击线上前后交替坐着比赛。

射箭比赛的赛制充满了战术与策略的较量，对于选手的体力和技术都有极高的要求。比赛从轮赛开始，这是资格赛的阶段。每个选手将进行两轮比赛，每轮有 6 组，每组由 6 支箭组成，总共 72 支箭。轮赛结束后，选手们会根据自己的得分进行排名。若分数相同，则根据打中 10 分或内 10 环的数量来确定排名顺序。

例如，假设有 64 名运动员参加比赛，轮赛后，选手们将进入淘汰赛。比如第 1 名将与第 64 名对抗，第 2 名将与第 63 名对抗，采用这种"对折法"，让优秀的选手可以更公平地竞争。如果随机排列，则可能导致高水平的选手很早就被淘汰。

淘汰赛将一轮接一轮地进行，从 64 进 32、32 进 16，一直到产生冠军。除了个人赛外，还有混双赛。首先，轮赛结束后，将各个代表队里的男女选手成绩相加，再进行排名。中国队选择根据轮赛成绩决定代表国家参加混双或团体赛的人选。这种赛制被认为是比较公平的。接着比赛还是按照淘汰制进行，16 进 8、8 进 4、4 进 2，直至产生冠军。

射箭比赛可能持续很长时间，对于选手的体力和精力都是极大的消耗。从轮赛第一天到决赛最后一天，选手们的注意力必须保持高度的集中。比赛结束后，选手们通常会感到特别疲惫，因为他们投入了全身心的努力。然而，正是这样的努力与坚持，才让射箭比赛成为一场充满激情和悬念的体育盛宴。

在奥运会中，射箭有两种弓类型：反曲弓和复合弓。健全人运动员只能使用复合弓。但在残奥会中，运动员可以根据自己的情况选择使用适合自己的弓。复合弓与反曲弓的最大区别在于，复合弓拉开后相对较轻，并配有扳机和撒放器。这对于没有上肢的运动员来说尤为重要，因为他们无法用手拉开弓。撒放器通常有两种，一种是捏在手上，一种是挂在手腕上。在特殊情况下，撒放器可以进行改造，例如挂在肩膀上，以适应不同运动员的需求。

在射箭比赛中，运动员通常会带自己的装备。因为每个人的肌肉力量和拉距都不一样，有些人胳膊长，肩膀宽；有些人胳膊短，肩膀窄。针对这样的情况，弓的磅数和弓片长度也会有所不同。在购买复合弓时，运动员会提供自己的拉距，销售商会根据这个数据提供相应型号和尺寸的弓。

我曾遇到一位美国选手，他失去了上肢，却仍然选择使用反曲弓参加比赛。他在弓弦上挂了一个小装置，然后用牙齿叼住它，借此拉开弓。看到这样的选手，我不禁为他的毅力感到震撼。这也让我重新认识到射箭并不一定要用手，而是需要勇气和决心。加入射箭队后，我意识到运动员的挑选范围并非局限于身体强壮、灵活度高的健全人。坐在轮椅上的人也可以成为运动员，展示自己的才华和潜力。我希望更多的中小学生能够观看残奥会比赛，这将有助于拓宽他们的视野，改变对世界的认知。通过观看这些比赛，他们将看到更多的可能性，认识到每个人都有自己的价值和潜力，不应该被固有的观念所束缚。

箭也是非常重要的装备。首先，箭的长度是根据运动员的拉距确定的。然后，根据运动员的磅数，会选择相应型号的箭。不同型号的箭，其碳纤维粗细不一样，运动员需要根据自己的磅数来选择合适的箭。射箭后，运动员会观察箭的飞行情况。如果箭在飞行中摇摆，那么运动员可能需要调整弓的设置，或者尝试不同型号的箭。

箭的结构也是非常复杂的。一支箭通常由四个部分组成：箭杆、箭头、箭尾和箭羽。有时，我们为了增加箭的美观性，还会贴上羽毛和贴纸，使箭变得更加精致。运动员可以根据自己的需求来选择箭头、箭羽和箭杆等。这是一件非常专业的事情，制作一沓箭相当耗时间。射箭是一项需要精确度和稳定性的运动。每个运动员都需要根据自己的体型和力量来选择合适的装备，确保射出的箭精确地命中目标。选择和调整合适的装备是提高射箭水平的关键之一。

请您介绍一下这个体育项目在浙江或在中国的发展情况。

残奥射箭在中国的发展势头很好，中国在这方面的成绩斐然。在最近的世锦赛上，中国队斩获了 7 块金牌，占据了总共设立的 15 块金牌中的近半壁江山，这充分展示了中国残奥射箭队伍的整体实力和竞争力。中国各个省份对体育项目都投入了大量的关注和资源。各地的体育队伍都在这个领域不断取得进步和突破。不仅在国内，甚至在国际舞台上，中国的残奥射箭队伍也堪称最强队伍之一。

特别值得一提的是浙江省。浙江的经济条件相对较好，这也为体育项目的发展提供了有力的支持。无论是设备、场地，还是教练员和运动员的培训等方面，浙江都做得相当优秀，射箭运动员们也对此充满了自豪。全国各地的射箭队都积极参与交流训练，互相取长补短，助力中国的残奥射箭项目更上一层楼。这背后既有政府的扶持和社会的关注，也有运动员们的努力。相信在未来的比赛中，中国队一定会取得更加辉煌的成就。

浙江省的射箭队历史已有 13 年的光辉历程，自 2010 年成立以来，在邵淑芬主教练的带领下，这支队伍经历了风风雨雨。尽管选手的数量经常变动，但团队的核心选手数量始终保持在 20 人左右。

选拔新队员，不仅要看体能和技能，更要看他们是否符合赛事的特定要求。例如，虽然侏儒选手在其他项目中可能存在一些劣势，但在射箭项目中，他们完全可以与健全的选手公平竞争。新队员首先要经过一轮力量训练，如果他们不能顺利地拉开弓，可能就要与这个项目告别了。当然，真正的考验在于实战训练，因为发射箭矢才能检验一个选手的实力。经过训练的选手，如果在这方面表现出色，教练团队会毫不犹豫地将其纳入队伍。

不得不说，国家和政府为队伍提供了强有力的支持，使我们可以专心致志地训练。队员们在队里的住宿费用全免，而且每名队员每月都有 1800 元的补贴。尽管我们的补贴与健全运动员有些差距，但在当前条件下，这些待遇已经相当不错了。

训练基地的设施非常完善，甚至有时候让人不知道还有什么提升空间了。我们的宿舍条件非常好，每天都有阿姨贴心地打扫宿舍。至于饭菜，虽然味道因人而异，但在营养搭配上，工作人员绝对下足了功夫。训练场地既宽敞又设施齐全，还特地为运动员搭建了遮阳棚，避免日晒雨淋，这都是领导们精心安排的。总之，浙江省射箭队不仅是拥有技术与激情的队伍，更是一个充满爱与团结的大家庭！

您目前的训练状态如何？您的训练生活是什么样的？

在 2023 年 7 月的炎炎夏日里，我踏上了捷克比尔森的土地，参加了备受瞩目的世锦赛。比赛结束后，我选择暂时离开紧张的训练，给自己一个喘息的机会。事实上，我并不满足自己在世锦赛中的表现和最终的成绩。我觉得自己的身体和心态都出现了问题，所以我把这次的休整当作一个重新审视自己的机会，思考如何改正这些问题。

射箭比赛最后比的就是心态，能扛住的人就能赢，扛不住的人就会输。因为心态上有一个很小的波动，就有可能导致动作上有一些细微的变化，从而影响成绩。射箭项目也正因为这个特性，想要蝉联射箭项目的冠军还是比较有难度的，但是也不是说不可能。射箭项目中，最重要的是体能，运动员得把弓拉开；其次是技术，运动员的技术水平要达到一定的高度；最后是内心的秩序，运动员要保持内心的秩序。做好这三点，运动员才能拿到一个比较好的成绩。

现在，我已经重返训练队，准备开启新一轮的训练。由于前段时间的休整，我的训练现在还处在初期的恢复阶段，暂时没有进入高强度的备赛训练，我还可以应对目前训练的压力。值得注意的是，尽管这次亚残运会的国家队还未组成，我们还在省队训练，但我知道国家队的训练节奏会更紧凑，强度也会更大。在高强度的训练下，我曾经的伤病有可能再次发作，甚至带来隐痛。因为我现在的身体状态并不是很好，训练期间我时常有种身处悬崖边缘的感觉。我计划近期去医院做检查，看看我的肩膀。只有伤病不严重，我才能放心地投入训练。如果身体情况不太好，我就得小心翼翼地应对训练，因为伤病一旦在比赛时发作，我将无法发挥自己的实力。

现如今的赛场风起云涌，选手们都展现出了惊人的实力。每个对手都是劲敌，就像这次捷克比尔森世锦赛中冒头的两位印度选手，虽然他们的训练周期很短，但他们的成绩已经突破了 690 分。看到国际选手们突飞猛进的进步，我不禁为下一阶段比赛做了思想准备。在接下来几个月的训练时间里，我已经做好了全力以赴的心理准备，迎接每一场硬仗。对于杭州亚残运会，我满怀激情、充满斗志。虽然这场比赛将会是艰苦的，但我会毫不犹豫地全身心投入，展示自己的最佳状态。

亚残运会可能是我人生中唯一一次在自己的国家参加的大型综合性运动会，所以我觉得参与亚残运会本身是一件非常值得纪念的事情。对于成绩，我其实没想那么多，因为想得再多也没有用。我现在更多地是想怎么练好每一支箭，怎么调整心态，平和地面对比赛。把比赛当作一次平常的训练，这是最好的心态。

我们在国家队时以实地训练为主，按比赛的场地和距离进行实射训练，另外还有体能训练。训练日程十分紧凑：早上6点30分起床，7点集合吃饭，8点准时到达训练场地。上午的训练持续到11点，然后做一个放松操，我们就去吃饭休息。下午两三点休息结束，休息的时间会根据天气情况调整，比如高温天气训练易中暑，我们会选择在3点多开始训练。下午的训练一般到5点才结束。我们通常一周训练6天，每天训练时间超过6个小时。

我是个内向安静的人，平时喜欢沉浸在手工制作的世界里。我以前可能还会关注一些电视剧和电影，但最近两年我很少看了。我偏爱做滴胶类的手工，家里还有十字绣的绣架，我会在闲暇时绣上几针。我本来就比较喜欢做一些安静的事情，也可能因为从小腿脚不方便，很少出去玩，所以自己总得做一点事情去消磨时光。我又特别喜欢可爱的小玩具。后来我刷短视频，看到人家做滴胶类手工，觉得很漂亮，我就想自己尝试，知道大致步骤后，我开始构想自己想要什么样的东西，然后就开始做。到现在，我做好的手工都送给别人了。在情绪不佳、容易胡思乱想的时候，我需要做点事情让自己安静下来，做手工是很好的选择。

我人生中第一个滴胶作品，是一副滴胶麻将，这也是我最满意的作品，我把它送给我的教练。她业余时间喜欢打麻将，难得她说我做的麻将好看，我就送给她了，因为我感觉送给她会更有意义。那时候，我想着可能我在队里留的时间不是很长了，把这个送给她，每次她玩的时候都会想起我，可能会说："佳敏真是个不错的孩子。"

后来我去北京体育大学深造时，大学老师和我说，各个项目选手的性格是有差异的。像射击和射箭运动员参加面试的时候会特别安静，像足球和篮球运动员相对来说活泼很多。我想，到底是项目导致我比较安静，还是说我本来性格就比较安静，所以比较适合这个项目？我问过老师这个问题，他说可能是相辅相成的。我的性格就适合这个项目，从事了这个项目以后，我就更加安静和镇定了。对我来说，这个项目有一个好处，它让我的脾气稳定了很多。小时候，发生一点小事情，我就难过得不得了；现在，我虽然有时候也会难过，但是很快就能调整回来。

您觉得您取得的好成绩与哪些因素密不可分？您最想感谢的人是谁？

我的成功是众多因素的共同作用。首先，浙江省提供了一个很好的平台。如果没有这个队伍，有再多的天分和努力都是白搭。其次，浙江省提供的保障非常强大。虽然我没有亲眼看过所有队伍的保障条件，不敢轻言第一，但我深信我们的保障是数一数二的。

我的成功离不开我的教练，她虽然有时候会很凶，我们也会有小摩擦，但是不可否认她是一个非常尽职尽责的教练。当然，自己的努力也是必不可少的。我当初进队的时候就是冲着拿奥运会冠军去的，所以目标很明确。所有的因素结合到一起，就孕育了这枚金牌。

这枚金牌并不完全属于我一个人，属于很多人，站在领奖台上的我只是一个代表，我很幸运能够成为站在领奖台上的人。以前不当运动员的时候，我觉得说这样的话有点假大空，但真正当了运动员才知道，这种情感是真实的。国家、省、市各个层面的人都在全力给我们提供保障，培养出像我们这样的运动员。

我最感谢的人是我的教练邵淑芬，因为她是第一个发现我的人。

如果宁波市残联没组织那场排球比赛、我妈没有糊里糊涂地答应别人让我参加比赛、教练没有来比赛选人、当时浙江没有建立训练基地，我都不可能走上体育这条道路，所以我感觉要感谢每个环节中推我向前的人。

您在长时间训练时与家庭、教练、队友的关系如何？

从小到大，我的家庭对我来说就是一个无比温暖的港湾。我的父母对我呵护备至，总是默默支持我追逐梦想。而我与我先生的相识也是一段如童话般美好的故事，当时我们在一个英语角的语音聊天室里相识，随着时间的推移，我发现这个男孩勤勤恳恳，品质极好。我们互相支持，一起走过了 10 多年。

恢复训练的日子对我来说压力巨大，每天晚上都辗转反侧。我先生总是关心我，尽管我不常看手机，但他还是不停地给我发信息，给我加油。家人、教练、队员都不遗余力地支持我、默默陪伴我，我觉得自己非常幸运。

训练期间，我和家人联系沟通基本是通过网络视频。我刚开始离家训练的时候，我妈妈也有点舍不得，那时候我在我自己房间装了一个监控，我和我妈妈说，你想我的时候就从监控里看我。那时候我一个人住，还没有室友，现在有室友了，我就把摄像头拆了，我和家人就打视频电话，但是也不会太多，因为我妈妈知道我每天事情也比较多。我爸爸和我聊的第一个话题总是晚上吃了啥，我和妈妈聊天比较随意，"最近你乖不乖""你要听教练话"，这是视频里面我妈最常说的两句话。我其实已经 34 岁了，如果我二十五六岁生孩子，我已经是一个 10 岁左右小孩的妈妈了，但是在我妈妈眼里，我好像还是一个五六岁的小孩。

每当我结束训练回到家时，我仿佛又回到了小时候，变成一个被家人宠爱的小女孩。在家里，我可以无拘无束地撒娇、享受家人的呵护。但一旦外出，我就必须坚强、独立。和队友们相处的时候，我总是很关心他们，有时候会让他们躺在我的床上休息，问他们渴不渴、要不要给他们倒水、吃水果，关心他们是否觉得空调太冷。

我非常感激邵教练，她教会了我很多。我从23岁到33岁，无论是我的性格、世界观，还是对射箭项目的理解，都发生了巨大的变化。邵教练不仅教我射箭技巧，还教我如何待人接物，怎么更好地融入社会。我原来的世界观可能过于简单，但是现在我对社会的认知更加全面。

生活中，教练是一个很直爽的人，但一遇到和射箭相关的事，就非常严谨。她是一位很有责任感的教练。夏天的时候，她一个人要来回跑拔很多人的箭，对于一位60多岁老太太来说，相当不容易。她的腰椎间盘不太好，而且经常头疼。我感觉她在超负荷运转。最开始她是运动员，后来她做了教练，她从事射箭的时间比我的年龄都长。还有很重要的一点，她的家不在浙江，可以说她是"抛家"从事这项工作的。我问过自己这个问题："周佳敏，你愿意做到70岁吗？"现阶段我觉得自己还不能。所以邵教练的精神确实很值得我学习。

我和我的队友关系非常好，每次回到队里看到他们，都觉得特别开心。尽管这次比赛过程并不容易，我很难过、很伤心，但他们总是给我带来活力和能量，一直鼓励我，让我感到温暖。我觉得，能够拥有这样的队友是我人生中一个特别重要的收获。对于我来说，这一群人比金牌更加可贵。他们给我带来的幸福和温暖是持久的。

年轻时走上体育这条道路，您是否放弃了很多？体育对您来说意味着什么？

走上体育这条路，我觉得自己没牺牲什么。事实上，我觉得体育改变了我的人生，给了我太多的好处。年轻时，我的生活条件并不好。走上体育道路后，体育带给我一种全新的视角，让我看到了生活的另一面。体育不仅锻炼了我的体魄，更让我学会了坚持、努力、拼搏和奋斗的精神。它让我感受到了付出努力后获得成功的喜悦。

当然，有人会说，体育运动可能会带来一些伤病，但我认为，人无论从事哪种职业，都会有一些辛苦和不如意的地方。哪里有阳光，哪里就会有阴影。这些辛苦和伤病都是成长过程中必须付出的代价。体育让我变得更加坚强、勇敢、自信。所以我觉得自己收获了更多。

对我来说，体育改变了我的人生，我进入射箭队就像我中了彩票。2012 年的伦敦奥运会时，因为时差，我每天半夜 12 点看孙杨、叶诗文比赛，觉得他们很厉害。我那时根本想不到，4 年之后我也会在奥运赛场上比赛。

我觉得自己相当幸运，因为我训练时间特别短。我从 2013 年 8 月 29 日进队开始接触射箭，2016 年 9 月拿了奥运会冠军，在这 3 年中，我还休息了 1 年，也就是说，我 2 年就拿到了奥运会冠军。但是之后，在东京残奥会中我没有拿到金牌，遇到了很多的困难。我一度怀疑自己，而到最后我想通了，这就是一个很大的提高。2016 年，我的成绩有了很大的提高。2016 年后，我对人生有很多感悟，特别是拿金牌以后，从最初的掌声到最后成绩退步，内心有过焦虑，现在我又回到这里参加亚残运会。我觉得这段经历像一部电影。

我从体育中悟到了6个字——尽人事，听天命。有些东西越想抓住越是抓不住，我能做的就是射好眼前的这一支箭，力争上游。但很矛盾的一点在于，我们要求自己在训练场上拼尽全力，到赛场上的时候又要求自己调整心态、放下对金牌的执念。

射箭对我来说，不仅是一项运动，更像是我的生命中的一首歌，或是一段永远都不会消失的旋律。这支箭就是当下，当下就是这支箭，我已经无法改变过去，也无法预见未来，射好这一支箭就是做好当下的这个我。每当我拉开弓、瞄准目标，我都有一种与世界完美融合的感觉。对我而言，射箭不仅是一项运动，更是我的老朋友、我的知己。在我的人生舞台上，射箭就是最闪亮的主角，陪伴我度过每一个时刻。即使我离开了专业的集训队，射箭依然流淌在我的血液中。无论是身处紧张刺激的赛场，还是平日的闲暇时光，我都不会放下那把弓和箭。对我来说，射箭不仅仅是一项技艺，更是一条连接身体与心灵的纽带，是我生命旅程中永恒而美好的伴侣。

您觉得面对意外，人该怎样克服困难，达到人生的目标？

从小到大，我的腿就不如其他人方便，但这并没有阻挡我去认识生活，去认识那些比我活得更明白的人。我的队友们，他们中的有些人仿佛是从鬼门关里走出来的，这让我明白了，活着是最重要的。

我曾经也陷入低谷，但是每当我陷入困境的时候，我就问自己："你走不出困境，你能怎样？"你可以选择把自己锁在房间里，痛哭一场。但哭完了生活还得继续，没有逃避的路。逃避得越久，回归现实后要面对的困难就越大。

曾经有一段时间，我觉得好像除了金牌什么都不重要。而这样的想法让我忘记了更多美好的东西：和队友们一起度过的欢快时光，父母无尽的支持和爱。如果让我在金牌和家人之间选择，我会毫不犹豫地选择家人。

所以，当你觉得失去了重要的东西时，也许只是因为你的目光短浅，只盯着手里失去的那一点儿。实际上，你所失去的，可能远远没有你以为的那么重要。一直关注着你所拥有的，以及你还能够得到的，这才是最应该做的。

您有什么梦想？如果您退役了，您对于生活有什么展望？

我的梦想有很多。我想养一只小狗，陪伴我度过快乐时光；我梦想环游世界，感受不同文化的魅力；我想拥有一个健康的宝宝，陪伴宝宝成长；我也想助力残疾人体育事业；因为我自己喜欢喝咖啡，所以我还想开一家咖啡馆，招聘残疾朋友作为服务员，让他们感受工作的乐趣。现在，我在宁波市奉化区残联和其他各区残联的支持下，在小海豹训练基地组织了一支专门培训残疾小朋友的游泳队。他们每天都在努力训练，追寻自己的梦想。游泳队现在有七八名小朋友，最小的在上幼儿园，最大的已经在省队进行皮划艇项目训练了，进入省队的是 2009 年出生的一个孩子。因为他接触游泳的年龄相对过晚，所以进入了皮划艇队，一般接触游泳最好的年龄可能是五六岁。

开始组建游泳队的时候，我的初衷有两个：一是希望通过游泳帮助他们身体康复；二是希望他们不要把自己封闭起来，不要因为自己的肢体情况不好就放弃体育。我小时候，因为跑跳都不方便，一上体育课就一个人坐在教室，上体育课变成一件让人不开心的事情，所以我觉得，让他们参加体育项目，他们也许回到教室里的时候，也可以跟他们的朋友说，他们能参加运动，他们游泳也很棒，这对小朋友自信心的建立有很大的帮助。我不希望接下来的小朋友像我一样一个人坐在教室里。如果当时有一个大姐姐带我去游泳，我应该也会很开心。我曾经也以为我这辈子跟体育无缘，因此我不希望他们有这样的想法。我希望这些小朋友能够更好地融入社会，更加自信。谁知道呢，也许我们的队伍中会诞生下一个奥运冠军！

我还想组建一支融合型的篮球队，因为每个区里愿意参加体育运动、符合体育运动条件的残疾人数量不是很多。我希望能在健全人的队伍里纳入残疾人选手，一起训练。虽然这只是我的一个设想，但我希望有一天这个设想能够实现。我希望能建立更多的队伍，让更多的小朋友、大人，尤其是身体有障碍的朋友，都有机会参加体育运动。

王丽珍、许淼、张西伶
（左二）　　　（右三）　　　（右一）

人生总会充满各种各样的意外，我们都要学会去接受它、消化它，而不是一直被困在负面的情绪中。

中国女子盲人门球运动员

—王丽珍、许淼、张西伶

主要成就

2024 年所在的中国女子盲人门球队获巴黎残奥会（第 17 届夏季残疾人奥林匹克运动会）获 1 枚铜牌

2023 年所在的中国女子盲人门球队在杭州第 4 届亚洲残疾人运动会获 1 枚金牌

您三位能否介绍一下自己，在视力不佳的情况下，是如何度过童年的?

许淼：2001 年我出生于黑龙江齐齐哈尔，是一个东北人。

小时候，我家庭条件比较一般，爸爸妈妈都出去打工赚钱，我就跟着姥姥、姥爷在齐齐哈尔的农村生活。我的姥姥、姥爷溺爱我，捧在手心怕摔了，含在嘴里怕化了，我想吃什么他们就给我做什么。不过这可能也是因为我小时候很瘦，瘦得像一根竹竿似的。到了上幼儿园的年纪，爸爸妈妈就把我接过去上学。在我读一年级时，爸妈闹离婚，对于一个小孩子来说，这不是什么美好的回忆。最终，我的抚养权归了妈妈。但是，妈妈既要工作养家又要照顾我，压力实在太大，分身乏术的她最后又将我送回姥爷、姥姥家。之后我便在齐齐哈尔读了 4 年小学，直到我的眼睛出了问题。

那时候每天晚上我都准时蹲守在电视机前，目不转睛地看中央电视台少儿频道的动画片。我总是看得入迷以致忘记时间、忘记写作业。

我天生眼睛就不太好，后来我的眼睛坏了，几乎什么也看不见。好像有一块厚厚的黑布盖在我的脸上，我陷入了一个充满黑暗、几乎没有光明的世界。我妈妈一听到这个消息，立刻从外地赶回来，带我去北京看眼睛。医院检查出来的结果是用眼疲劳导致的视网膜脱离。我妈妈执着地希望帮我找回光明，于是之后的一年我没有去上学，在北京辗转治疗。做了六七次手术，做完左眼做右眼，打针、吃药、住院。那时候，我的视力好像是一个"黑洞"，不仅吸走了我的光明，还吸空了我们家的积蓄。我在北京治疗了整整一年，把我们家本就不多的积蓄耗了精光。不得已，我妈妈和我姥爷他们只好四处借钱。

我妈妈有一个姐姐和一个弟弟。我大姨是一个学霸，她的学习成绩在整个县里是数一数二的。她毕业之后，本来有好的工作，但是她为了更好地照顾我姥爷、姥姥，决定留在县里做会计。那时我大姨的条件还行，她也没有小孩，所以就把我当自己的孩子，把积蓄用在我身上。从小到大，我的奶粉、衣服几乎都是大姨买的。等到我治病的时候也一样，大姨眉头也不皱地拿了很多钱。我舅舅也是学霸，考上了电子科技大学。在我需要钱治疗眼睛的时候，他二话不说地慷慨解囊。我很感谢大姨和舅舅，他们在我最困难的时候雪中送炭，让我感受到了亲情与温暖。

除了我大姨和舅舅，我妈妈也跟邻居朋友把钱给借遍了，债务累累。

那些年，我妈妈一直在东奔西跑地带我看病，其实她当时每天头痛欲裂。可我一点也不懂事，既看不出她被头痛折磨的憔悴，也看不出她被债务压弯的脊背。我每天都缠着我妈，央求她给我报旅游团。我要什么，我妈就给我买什么。因为我喜欢看《还珠格格》，所以我妈特意带我去故宫。故宫里有卖做工精美的小帽子，每一顶都很漂亮，我一看见它们就走不动道，我向妈妈开口，她就会给我买。我妈妈从来不跟我说"家里面没有钱"之类的话，对我几乎有求必应。虽然家里很穷，但是我却一天天胖起来了。体重增加的一部分原因是打了激素，另一部分原因是我自己吃的。一般来说，贫穷的家庭是养不出胖小孩的，但别人从我的外表上看不出来我家庭条件的窘迫。我的家人对我很好，我就是这样在他们的宠爱中长大的。

王丽珍：2003 年我出生在山东省济宁市的一个小农村。我的爸爸妈妈在年龄较大的时候生下了我。因为我妈妈的眼睛不太好，所以我出生后，他们对我的视力状况已经有了一个预期。我半岁的时候，他们发现我跟普通小孩不太一样，别人能看到，而我看不到，他们把手指头伸到我眼前晃，我也没有反应。爸爸妈妈就明白了，我的眼睛有问题。我从出生起就生活在一个黑暗的世界中，不过我还是能看到一些东西的，就像一个漆黑的房间中有一个通向光明世界的缝隙。随着我跟其他小朋友一起玩、慢慢长大，我的视力越来越差。爸爸妈妈也带我去过医院，但诊断结果是我的视力没有改善的可能性，我注定生活在黑暗中。

小时候我在家里跟其他小朋友一起玩，之后这些小朋友都去上学了，我就没了玩伴。我只能在家里跟着妈妈到处晃悠，或者是跟着她去地里种庄稼、拔草。

张西伶：我来自云南，出生于 1998 年。我家有四口人——爸爸、妈妈、弟弟和我。我打出生起，我的视力就不太行，我已经适应了眼前的黑暗，并没有太难过。我家里有一张木凳，我走路的时候看不见，总是撞上，而且这张凳子每次都撞到我小腿的同一个地方，我有时候忍不住担心：万一我的小腿被撞凹了怎么办？还有一次，我和几个小伙伴在假期出去玩，结果我的小腿磕到石头上，破了一个大约 3 厘米的伤口。因为当时我很瘦弱，所以磕到了骨头。当时把我的小伙伴们都吓坏了，慌忙带着我回家找我妈妈。我妈妈一看我的伤口血如泉涌，也被吓到了，连忙带我去医院缝针。

我眼前的世界虽然漆黑一片，但现实世界总不缺善意与光明。我老家在农村，农村里的路不好走。每次走到坑坑洼洼的地方，我弟弟都会在前面牵着我。弟弟还小的时候，一般是爸爸牵着我，如果前面有下坡或者一个坎，爸爸都会在前面牵着我。我的家人给了我走路的底气。至于熟悉的地方，因为走习惯了，知道地形，了解哪里有障碍物、哪里有坎或者下坡。但是一旦到了一个陌生的地方，我就会犯难，走起路来要格外注意，要慢一点、稳一点。如果不走路而是坐公交车这类交通工具，我基本看不见了，只能询问身旁的人。虽然我总觉得太麻烦大家，但大部分时间里，我遇到的陌生人都愿意向我伸出援手。

我和我弟弟年纪相仿，每天我们都一起踩着村里的泥巴路上下学。早上 6 点从家里出发，走 40 分钟左右的路程到学校。我弟弟年纪小，有时候走得很慢，所以我老是跟他急。幸好当时我的堂兄表兄也和我们一起去上学，遇到我弟弟走不动路的时候，他们会背我弟弟，把他带到学校里。

小时候我们村子有三个小伙伴和我同班，其中一个是我的堂妹。我们的关系也很好，天天待在一块。在学校里聚在一起，回到家吃完饭，如果没事的话我们几个会约起来一起玩。后来家人为了方便我们读书，我们家就从农村搬到了镇上。我们的新家在学校对面，与学校只隔了一条马路。搬家对我们姐弟，尤其是视力不好的我来说方便多了，我也认识了更多的新朋友。但是我跟老家的几个小伙伴联系就慢慢变少了。

你们是在何时以怎样的契机接触到盲人门球这项运动的？

许淼：我在北京看了一年眼睛却依旧没治好后，我妈妈听说有盲校，便送我去哈尔滨的盲校上学。我是在四年级下学期时眼睛出了问题，所以我是从四年级下学期开始在盲校就读的，一直读到初二，这期间的学习成绩还可以。

在我初二的时候，盲人门球队的教练到我们学校选拔队员。因为我的性格比较开朗、外向、活泼，所以来学校选拔队员的教练对我印象比较深刻。当时我又高又壮，如果练体育的话，身体条件还可以。体育老师到我们班级里面选人的时候，就把我叫过去，做了一些测试。他们也叫了很多男生去参加选拔。结果我去了之后就和我们班里面的男生打起来了，我一点也不输他们。

盲人门球队的老师眼前一亮，一下就看中了我："这个女孩不错，还能和男孩子打架！这人性格挺泼辣呀。"

虽然当时我看着又高又壮，但其实我的身体素质真的很一般，仰卧起坐一分钟只能做 12 个。盲人门球队的教练可能就是冲着我的性格，选中了我。那一次一共挑了 7 个人，3 个男生，4 个女生。于是我们一起去了大连的盲校。大连盲校的老师又考察了我们一番，最后选了 3 个女生进入盲人门球队，有一个女生因为不想和男友异地，最终没有和我们一起来杭州参加盲人门球的训练。

刚开始我的家人并不是很同意我来杭州，因为我家在黑龙江，而杭州离我家实在太远，我家人不放心放我一个人在杭州。我小时候甚至都没有独自过马路，只要过马路，就有一个家人跟着我，牢牢地牵着我的手，再加上我那时自理能力很差，他们更不想让我独自来杭州训练。但我胆子挺大，我很喜欢接触新鲜事物，就跟我家人说："我一定要去杭州！"

我妈妈是支持我来杭州的，她先说服了其他家人，包括我大姨。我大姨非常保守，很怕我在训练中受伤。最后，我来到了杭州参加盲人门球训练，在这件事上我很感谢我妈妈。

来杭州前，我的手刚刚做完一个小手术，于是我妈妈留在杭州陪了我半个月。在这半个月里，我们四处旅游。西湖、灵隐寺、雷峰塔、岳王庙……我和我妈妈逛遍了知名景点，体验了杭州的秋天。除了杭州秋景，那次去杭州参加盲人门球训练是坐飞机来的，那是我第一次坐飞机。巧合的是，我的生日跟我坐飞机来杭州的日子是同一天，也许冥冥之中，这一天就是我全新人生的开始吧。

王丽珍：我八九岁之后，爸爸妈妈听说济宁市有一所盲校，于是把我送到盲校。说实话，我在家里跟其他小朋友玩时挺没自信，因为他们会玩跳皮筋、扔沙包，我都不会玩，也玩不了。不少小朋友可能因为年龄比较小，总是会对我进行言语侮辱、谩骂。除了视野的黑暗，有些人的恶意也让我难过。到了盲校，我发现我和同学们是一样的。我们年龄差不多，有视力比我好的人，也有视力比我更差的人。大家都是平等的，不会有歧视和恶意，更多的是互帮互助。在盲校上学后，我的自信就逐渐培养起来了。加上当时我的学习成绩还可以，体育也不错，跳绳、呼啦圈、跑步等我都拿手，我越来越自信。

我们学校以前有一支盲人门球队，球队也打出了一些成绩，不管男子比赛还是女子比赛，都能拿到市里前三名。于是我们学校开始组织学生一起玩盲人门球。全校每个班组成一支队伍去比赛，一至四年级一组、五至九年级一组。那时我 10 岁，年龄比较小，那是我第一次接触到盲人门球这个项目。当时的比赛没有正规的盲人门球比赛用球，只有一些被用过的球，于是我们拿了两块球皮，买了一些铃铛，拿胶布把它们粘在一起，做成了一个简易的球，就在教室里玩了起来。

玩了几天后到了比赛日，我们在学校专门的盲人门球场地里比赛。因为当时大部分女生的个子比较娇小，力气不太够，所以主要是男生参加比赛。虽然球打在身上挺疼的，但是比赛的观赏性很强。我只能看到几个模糊的人影在场上奔走、扑救，但每一次投球、每一次接球时响起的铃音却听得十分清晰。叮铃铃——叮铃铃——或急或缓的铃音代替双眼告诉我比赛节奏是紧张还是平缓。比赛场地旁边也有乒乓球桌，但是我们学校里大部分人都在看盲人门球，没有人打乒乓球。我喜欢看盲人门球比赛，但是球打在身上太疼，我的年龄也小，个子也小，我没有参与。

2014 年，山东省运动会在济宁市举办，我们学校的盲人门球队也参加了比赛，取得了男子第二、女子第三的成绩。随后盲人门球队里有两名队员被选入国家队。后来，我们学校也不怎么组织盲人门球比赛了，只留下一个盲人门球队社团给国家队提供队员，虽然我被盲人门球社团选中，但社团也不怎么组织练习，我们每天主要是跑步、做俯卧撑和仰卧起坐，这导致我还是不会打盲人门球。这种情况一直持续到 2015 年，社团里有 3 名女生去杭州参加盲人门球夏令营，学了一些专业知识，回学校后教我们剩下的这批队员。因为我身材过于娇小，在社团中不怎么出众。

2016 年，盲人门球队的老师到学校选拔盲人门球队员。当时社团教练向某位领导推荐了我们学校，可我对打盲人门球一窍不通，单手都拿不住球。尽管如此，我跟我的一个好朋友幸运地被选中了。同年 10 月，我们跟着盲人门球队的尹老师坐高铁来到杭州，进行为期 3 周的试训。我刚开始并不是很想来，因为杭州离山东实在太远了，那时我只有 13 岁，只是想体验一下盲人门球，过把瘾，没想到后来我一待就是 3 个月，之后就这么成为一名专业运动员，走上了盲人门球这条路。

在最初的两三周里，我投球学得不怎么好，另一位队友张可欣相反，她投球比我好，肌肉比我更多、更强壮，看起来比我更适合当盲人门球运动员。3 周后，尹老师找我谈话，告诉我球队只想留下另一名队员。他们已经打电话通知过我们学校的老师了，盲校的老师第二天就会来接我回学校。这时候我反倒有些不想回去了，心里可难受了。万一同学们问我是不是练得不好所以被赶回来了，多丢人呐！就在这一天上午，我们学习了防守的基本动作。尹老师朝我丢球，想试试我的反应和对防守的理解，没想到我对球的扑救有模有样。很多人以为盲人的听力天生就更灵敏，其实不然。我们失去视力后，只是会将听力运用得更熟练，加上盲人门球会进一步训练我们的听力。当时我全神贯注地聆听球中的铃声，努力辨别它的方位，然后纵身一扑——防守成功！尹老师定睛一看："哎？！王丽珍防守挺有感觉的。"于是中午尹老师拉着我又谈了一次，还当场让盲校的老师把我的高铁票退了，我因此留在了盲人门球队。这相当于是对我的认可，我心里很高兴。

张西伶：我是在念初中的时候接触盲人门球的。每个残疾人都有一本残疾证，而残疾证是会录入系统的。省运会筹办时，每个市都会根据系统筛选的结果到各个地方选拔队员，组织队伍。当时市里通知我的父母让我参加盲人门球队员选拔。选拔相当于面试，主要是看参选者的基本条件。因为我符合当时的条件，之后参加了省运会的盲人门球比赛。教练会在省运会赛场观察有没有好苗子。如果教练觉得哪个队员有天赋，适合打盲人门球，就会问这个人想不想继续练习。我就是通过这种方式，在 2014 年的 12 月接触到盲人门球的。

我之前练习过铅球、跳远这些项目。我第一次接触盲人门球时，很好奇盲人门球是什么？后来才知道，盲人门球比赛时，运动员需要戴上密封性足够好的眼罩，将自己沉浸在一个漆黑的世界中，用耳朵去捕捉球内清脆的铃音。因为这股好奇心，我就想去认识和探索盲人门球这个项目。

请您详细介绍盲人门球，如规则、装备、场地要求、项目分类、残疾人分级等。

许淼：盲人门球的场地是一个 18 米 ×9 米的场地，场地中每 3 米有一条线，中线将场地分为两半。两边队员在 6 米线以内就是防守，每一边有 3 名队员，场上一共是 6 个人。每一支队伍一般需要 6 个人组成，比赛时 3 个人在场上，3 个人在场下准备上场。盲人门球的球上有 8 个孔，里面有 2 个铃铛，方便运动员用耳朵听球的方向。同时，因为每个人的视力不同，所以每个运动员都要戴眼罩，确保比赛的公平。比赛开始后，只要把球打进对方的球门就得分。

盲人门球有很多规则，常见的比如噪音犯规、高球犯规、远球犯规、10 秒犯规；还有一些少见的犯规，比如触摸眼罩、短球、非法防守等。攻击方在出球的时候发出噪音，干扰防守方的听力是噪音犯规。攻击方投出的球没有在着地区或者防守区触地一次是高球犯规。球投出并触地后，没有在中立区再触地一次是远球犯规。从球打到防守队员的身上开始计时，到球从被防守队员投过中线计时结束，这段时间如果超过了 10 秒，是 10 秒犯规，会被判一个点球。但如果球打到身上出界了，那么球出界之后的时间是不算的。

盲人门球比赛分为上下两个半场，净时长 24 分钟，上半场 12 分钟，下半场 12 分钟，中场休息 3 分钟。上下半场交替时两边需要交换场地。暂停时间、换人时间还有裁判暂停时间最多只有 45 秒钟。

盲人门球中，运动员分 B3、B2、B1 级，但是我们有很多人分级已经过期了，需要重新分，比如说我、王春艳和张西伶。我之前是 B2。曹振华是终身免分级，因为她的视力没有恢复的可能。柯佩颖和王丽珍是第一次参加国际比赛，这一次去参赛的话要确定分级。王丽珍在国内的分级是 B2，即具备一定的视力，能够稍微看到光，能够行走。B1 级主要是全盲的人，或者是有一些光感、能区分白天和黑夜的人。

请您几位谈谈国家对盲人门球的支持和盲人门球在中国的发展情况。

许淼：政府是支持盲人门球的，像我们的训练场地、出国的机会和医疗的条件，都是政府提供的。我现在在浙江特殊教育学院上学。在盲人门球队里，我已经成为入党积极分子。

我感觉这几年盲人门球运动在中国发展得还可以。教练会去跟各地的残联沟通，去各个地方的盲校选一些小孩来试训。比如哪个省举办省运会，他们就会去选一些人。而且浙江省很重视对运动员的选拔，被选来的运动员都会来这里训练。现在基地里年轻运动员的数量明显比之前多。我们盲人门球队的一些运动员也有自己的短视频号，有些人可以通过网络了解盲人门球项目，我们的知名度也因为胡明耀（因外形酷似热门动漫人物而走红的盲人门球运动员）而提升了一些。不过我觉得现在盲人门球的知名度相比于其他项目来说较低。

王丽珍：政府会给我们提供盲人门球的各种训练装备，每次比赛期间领导都会来慰问，给我们带来鼓励。前段时间是亚残运会100天倒计时活动，活动采集了每位运动员的手纹，很有仪式感和纪念意义。

就盲校来说，盲人门球的普及率还是挺高的，喜欢这项运动的人会越来越多，找到好苗子的概率很大。而且盲人门球的观赏性也强，我觉得它未来的发展会更好。

张西伶：我觉得政府挺重视盲人门球项目的。但就我参加这几届全运会的感受来说，盲人门球运动在中国发展得算不上红火。像足球、篮球这种大球项目，组织联赛、各个学校的交流赛、邀请赛等比较容易，而盲人门球只有固定的几个比赛，例如全运会、世界锦标赛、资格赛，盲人门球在知名度、参与度、发展程度上比较逊色。与欧洲国家相比，中国的盲人门球发展还有很长一段路要走。我去欧洲比赛的时候留意过，欧洲有很多盲人门球俱乐部，俱乐部之间会组织联赛，他们每月、每3个月或者至少半年就能打一场比赛，这使他们的实战经验丰富，实力提升比较快。反观中国，每支省队基本是自己练自己的，如果有全运会这样的比赛，队伍才会有交流的机会。这样的比赛一年不到一场，所以我觉得盲人门球的发展空间在中国有待提升。

您几位在以前的比赛中，有没有有趣的故事？

张西伶：我作为交流生加入了四川省的盲人门球队。在 2015 年 6 月，我跟着四川省队来到杭州的盲人门球基地训练。当时我还没想到，之后我会以国家队队员的身份在这里训练。之后，我以四川省队队员的身份参加了在浙江举办的第 8 届全国残疾人运动会，这也是我第一次参加正式的盲人门球比赛。一上场，我脑袋一片空白。我还记得，当时我们投完球后要退回来找"家"，即 1.5 米线的位置，结果我紧张得失去了方向感，直接找出界了。这场比赛的结果也不太理想，我们只拿到了第八名。

在第 8 届全国残运会后，我没有参加比赛，也没有继续训练，直到 2017 年，我被选入国家队，参加了我第一场国际大赛——亚太区盲人门球锦标赛。得知要参加国际大赛时，我还是有点紧张，因为我没有接触过其他国家的盲人门球队，对于她们的实力一无所知。但是在这场比赛中，我们超常发挥，用教练当时的话来说就是"出人意料"。因为平常训练的时候，我们的实力和状态并没有那么好，所以我自己对亚太区盲人门球锦标赛也没有抱太大的希望。结果参赛时却发现，我发挥得好像还不错！最后拿到银牌时，我自己都感觉不可思议。但可能是水土不服的缘故，我在打完半决赛后发了高烧，尽管在这样的状态下拿到银牌，我却像霜打的茄子一样蔫了，浑身无力。

许淼：我第一次参加的正式比赛是 2017 年 8 月在泰国举办的亚太区盲人门球锦标赛。那也是我第一次参加国际比赛，也是我第一次出国，我感到既紧张又好奇，接触了很多前所未见的新鲜事物，我就像刚孵出来的小鸟，探头观望蛋壳外的世界。当时我作为替补上场，我摩拳擦掌，想象中是大展威风，现实是我一上场就丢了球。于是回国后我不停鞭策自己。

紧接着 1 个月后，我第二次参加正式比赛——全国锦标赛。虽然这一次我成为全国锦标赛的主力队员，但是我的防守有很多漏洞。而我们参加亚太锦标赛时的教练是这次全国锦标赛其他队伍的教练，教练清楚地知道我们的弱点，于是我们队面临的情况十分严峻。

针对我技术上的问题，张教练对我很用心，根据我的情况进行查漏补缺。最后，我没有让他失望，我废寝忘食地刻苦训练，在全国锦标赛前战胜了弱点。

当在全国锦标赛的决赛上和那位教练带领的队伍对阵时，那位教练专门换上了一名针对我的薄弱处的队员，想要"对症下药"。他却没想到我已经战胜了弱点。只要铃声一响，我就能精准地扑中，没让他们在我手底下进一个球。最后我们一路过五关斩六将，拿到了全国锦标赛的冠军。这是我第一次拿到全国冠军，这场比赛也让我印象深刻。

为了庆祝这块"第一金"，那天晚上我和队友们一起去唱歌。因为我有一个队友之前属于湖南队，她邀请了湖南队的队友去唱歌，我们就在 KTV 唱了一天。后来叶教练带坐式排球队也来基地训练了。我刚开始加入盲人门球队时是他带着我训练的，他相当于我的启蒙老师，我很感激他。所以我一遇见他，就把我的第一块奖牌送给了他。

　　王丽珍：我 2016 年在杭州的训练基地待了 3 个月，之后回了山东。2017 年 9 月 12 日再次回到杭州时，我决定专门练盲人门球。正好 10 月有一个全国锦标赛，我有幸入选了参赛队伍。这是我第一次参加正式的盲人门球比赛。因为我那时候是新队员，所以重要的比赛是不会让我上场的，交给我的都是比较轻松、我和队友们大概率能赢的比赛。我记得我参加第一场比赛时，特别紧张、害怕，手有点发抖，心都快跳出嗓子眼儿，不太敢说话。当时我刚来队里没多久，跟队友们也不是很熟悉。当时许森站中间，我站左边。尽管打我身上的球没多少，但我还是很紧张，每分每秒都紧绷着，全神贯注地去听铃声。在上场的头 2 分钟，我连说话都在打战。不过随后我渐渐适应了比赛节奏，发挥出了较好的水平，还进了一个球。而向我打来的球我全都防住了。不过第一场的开门红还是没能减轻我的紧张。第二场比赛我还是十分紧张，导致我噪音犯规。我不得不防一个点球，尽管我都快把耳朵竖到天上去了，仔细分辨铃声的方向，但我还是没有防住。比赛结束后，我低着头，不敢看教练和队友们。没想到她们都来鼓励我，有人揉揉我的头发，有人拍拍我的肩膀："丽珍做得挺不错了，虽然有点慌，但是第一次比赛做到这样已经很棒了！"在这次比赛中，我跟着队友，有幸拿到了我的第一块金牌，也是我为数不多的一块金牌。

　　张西伶：2019 年时，我们拿到了东京残奥会的比赛门票。说实话，2019 年是我状态最好的时候。不管是心理素质还是技术、身体素质等方面，我都处于一个最佳的状态。东京残奥会资格赛在 6 月举办，我和陈凤青和王沙沙两位老队员一起练习了 2 个月，一路过关斩将。不过我当时在她们面前属于新人，所以从训练、生活到比赛的这一路中都是这两位大姐带着。在赛场上如果有处理不到位或者应变不及时的地方，她们都会帮我调整、替我补救。当时我们的目标是拿第二名，这样我们就可以去东京参加残奥会。当我们赢得半决赛、至少是第二名后，一下场，我们在更衣室里紧紧地抱在一起，激动得大哭。

决赛时我的身体状况不太好。当时的情况比较特殊，我吃药后产生了头晕的副作用。本来我决赛不上场，但是想到我已经走到决赛了，我想再感受一次赛场的气氛，不给自己留下遗憾，所以我就咬着牙上场了。药物的副作用让我迷迷糊糊，好像飘在半空中。上半场结束时，比分是 2 : 0，形势不容乐观。但是下半场陈凤青便奋起直追，追回来一个球。之后我们抓住了对方犯规的机会，通过罚点球追回比分。时间一分一秒地流逝，我们两支队伍就在赛场上咬着对方的比分。你一个远球得分，我一个跳球破门，比分追得很紧。我们凭着这样一股不服输的精气神，拿下了冠军。终场哨吹响的时候，我的脑袋还是晕晕乎乎的，我都不敢相信我们拿到了冠军。这场比赛结束后，我们顺利拿到了东京残奥会的比赛门票，接下来就紧锣密鼓地开始备战。

2020 年，新冠疫情给我们的训练按下了暂停键。新冠疫情对我们训练的影响很大，我们无法出去比赛，因此队伍里有 3 名队员无法确定分级。原本我们这支队伍有 6 人（曹振华、陈凤青、许森、王春花、王沙沙和我），但许森、王春花和王沙沙无法分级。按照规定，一支盲人门球队伍至少要 4 个人，所以当时队伍差点解散。我们从 2019 年冬天就开始备战东京残奥会，当听到它延期举办的消息时，我想：我们准备了这么久，到这里就结束了？就这样回家吗？当时我的心里就像压着一座山，压得我喘不上气。幸好教练想办法从江苏队找了一位终身免分级的队员，勉强组建了一支队伍。

新冠疫情对我的影响最主要是心理层面的。虽然在训练中身体很累，但是只要休息调整，都能缓过来，而心理上的压力没那么好缓解。东京残奥会宣布推迟时，队里放了2个月的假期，当时我虽然有些迷茫，但整个人的状态是没问题的。到了2021年3月，我知道我的队友因为分级问题无法参加东京残奥会时，这个消息就像五指山把我压得动弹不得，把我胸口的一口心气压散了。我的心理压力在当时已经无法缓解了。

许淼：没错，原本我和王春花、王沙沙也有参加东京残奥会的机会，但比赛前我们的残疾程度分级过期了，又因为新冠疫情没办法重新分级，所以失去了参赛资格。我们为了东京残奥会一共训练了445天，我跟了差不多410天的训练，基本全程参与。到了比赛前的35天，我因为分级问题被正式通知不能参加东京残奥会。天哪，我之前为了打东京残奥会都把头发剃了，顶着个寸头，头发摸起来沙沙的、刺刺的；为了东京残奥会我还拼命减肥，我现在的体重是81公斤，备战东京残奥会的时候是我最瘦的时候。无法参加比赛的消息就像一道晴天霹雳，我整个人都蒙了。现在回过头看，这都是小事儿，是我人生中的一个过程。人生总会充满各种各样的意外，我们都要学会去接受它、消化它，而不是一直被困在负面的情绪中。如果不出意外的话，我还是有机会参加杭州第4届亚残运会的。

张西伶：当时我的情绪非常低落，训练的状态特别差、很消极。如果说 2019 年门票赛上的我敢拼敢打，那么 2021 年的我心中已经没有了这股精气神。我在参加东京残奥会之前，要先去北京进行隔离。直到那时，我的心理压力依然没有缓解，心里的那座山似乎不仅压在心里，还压在我的背上，我感到自己呼吸不畅，喘不过气。我整天躺在床上，不想跟别人交流。

教练看我的状态实在太差了，给我找了一名心理辅导师。当时的我已经自暴自弃了，产生过退役的念头。那时候我心里充斥着一个念头：我不要练习盲人门球了，我想逃离赛场，逃离训练场，逃离盲人门球。参加奥运会、为国争光的这份责任太沉重了，我无法承担。那段时间可以说是我的盲人门球运动员生涯中遇到的最大的挑战了。

当我来到东京，站在东京残奥会的赛场上，压在我心头的那座大山却好像被搬开了，我能够再次自如地喘息。虽然日常生活中我仍时不时被压抑的情绪填满，但一站上赛场，哨声一响，所有的压抑就被我抛在脑后，我的耳朵和心里只有响着铃声的球。

但是，我们在东京残奥会没有拿到理想的成绩。我们是奔着前三去的，但最终我们没能打进半决赛。说实话，我们有希望进入前四，在八强赛上我们拼到了加时赛。但是因为一个点球的失误，我们与前四失之交臂。我想这跟我们这支因为分级问题而临时组建的队伍有关。原本曹振华和我是打左边的，但是因为人员问题，曹振华只能打右边。相当于曹振华不是在自己练习多年、非常熟悉的位置上比赛，而是要适应陌生的打法和节奏。不只是她，我们所有人都在适应这个刚刚拼凑起来的队伍，配合不到位是难以避免的。现在回想这场比赛，我觉得输也是没有办法的事情。

许淼：最近这段时间，我们盲人门球队星期一、星期二、星期四和星期五练球，星期三和星期六练力量，星期天也是。如果是冬训的话，每个星期会练 3 次力量和 2 次耐力。和其他时间段相比，冬训更注重锻炼身体素质，关于身体素质的训练也比较多。因为冬天时球太硬，打在身上太疼，所以我们练得少一些，练习以投球为主。赛前训练和平时的训练又不一样。如果是赛前训练的话，会有专门的陪练来模拟这次比赛一些对手的阵型或者他们打球的风格来和我们对练。

王丽珍：2023 年 8 月的门票赛是我第一次参加国际比赛，我非常期待。借着这次加入国家队的机会，我想见识外面的世界。如果我有上场的机会的话，我希望能表现得好点。

现在这个阶段我们主要以备战运动会为目标，进行集训，训练强度比较大。以前赛程稍微轻松点的时候，会有针对某个人短板的补充训练。现在就是针对打比赛，上强度。我们会模拟比赛的情景，根据不同的对手进行一些适应性的训练，还会进行高强度、高密度体力训练为比赛做准备。

张西伶：2023 年 8 月 19 日，我们即将参加 2024 年巴黎奥运会的门票赛。我们会在 15 日先去北京集合，再在 17 日从北京出发。我希望这次我们不留遗憾，希望我们能拿下巴黎残奥会的参赛资格，也能在 10 月的杭州第 4 届亚残运会中赢得冠军。

不管是平时训练还是赛前备战，盲人门球的训练大同小异。每天早上准备活动做好后，我们就互相投球、接球，打几场教学比赛，然后再对每个人技术的薄弱处进行有针对性的训练。不过临近比赛，我们的训练以教学比赛为主，平时的训练会更强调细节和基础。

请您几位简单介绍一下女子盲人门球队的队员和每个人的技术特点。

许淼：我们女子盲人门球队一共 6 个人，包括张西伶、王丽珍、柯佩颖、曹振华、王春艳和我。为了 2023 年的一场巴黎奥运会的门票赛和 2024 年亚残运会，我们从 2022 年 10 月就来杭州训练，今年我们都在这里过的年。

王丽珍：我们认识好久了。不过以前有几个人是国家队队员，而我不是，所以不在一起训练，但是我们处在同一个基地的屋檐下，彼此比较了解。我和许淼认识得比较早，2016 年我们俩和张西伶、王春艳一起参加过比赛。

张西伶：我是从 2022 年 12 月下旬才开始和现在的队员一起练习的。许淼的性格大大咧咧，特别幽默，但也不失细心。当有谁的心情不好时，许淼都会上前关心。许淼以前投球速度慢，力度不够。但在 2019 年后，她的实力突飞猛进。之前，她的体能比较差。她接球后再爬起来交给队友的速度慢，这样导致她没有时间和队友商量战术。有一次她和张西伶打配合，她找了半天球，交到张西伶手里的时候时间过去一半，差点来不及打出去。现在她的体能不仅提高了，投球质量也更好了，她投的球可以打主攻。她很有上进心，会给自己设立目标，并通过请教教练、队友，提升实力。

许森：张西伶特别会照顾人，特别热心。对于她力所能及的事情，她都会热情地帮助队员，哪怕是一些非常小的事。张西伶投平球的质量和速度不错。她是一个比赛型的选手，每当张西伶站上赛场，感受到比赛的气氛，她会非常兴奋，往往能超水平发挥。

2004年出生的王丽珍在张西伶眼里是一个小孩，她也是大大咧咧的性格，十分阳光开朗。但她喜欢学习，具备很多文化方面的知识。队员们有时候会玩诗词游戏，她总是能接得又快又好。王丽珍从入队到现在，她的成长有目共睹。实力方面，虽然她和其他队员相比还有一些距离，但是从2022年12月到现在，她的球更有力量、更快了。王丽珍最大的优点是她在场上的那股拼劲。如果和她一起比赛，会非常容易被她的精气神感染。有时候，光是在场下看着她比赛，都不禁心跳加速，整个人都兴奋起来。

柯佩颖不仅衣品好，还会化妆，也许是她的视力较好的缘故。每当队员们向她求助时尚方面的问题，她都会把队员们打扮得漂漂亮亮的。同时，柯佩颖也是一个乐于助人的人，每次女子盲人门球队出去逛街的时候都是她带着队员们。柯佩颖和王丽珍一样是新队员，2022年柯佩颖的防守水平远不如现在，但她通过不懈努力提升了自己的防守水平，跳球也比之前更好了。之前她投跳球，可能投十个球才能跳起来一个，甚至可能一个都没有。但现在在教学比赛中，她偶尔还能打出一个不错的跳球。即使有些球没能跳起来，但它的速度是过关的。

曹振华是温暖的知心大姐。当队员觉得心里不舒服、难过的时候就会找她倾诉。此外，曹振华还知道很多居家省钱小妙招。她偶尔也会有小孩子脾气，但总体上是一个做事周到、细心的人。有一次女子盲人门球队出去比赛，她会细心地提醒室友张西伶要带什么东西、几点要做什么。她就像一个大管家，只要跟着她就什么也不用操心。曹振华之前擅长的是跳球，平球速度不快。但她通过自己的努力，她打平球的速度有了较大的提升，同时她的防守战术也不错。

王春艳是盲人门球队队长，她的性格比较沉稳，而且会唱歌、配音。王春艳刚来的时候，比较内向，每次队员们和她说话时，她的声音都很小。但经过这么多年的训练，她的变化很大，现在已经可以和队员们打打闹闹了。王春艳的身体素质和技术都很不错。她的球技和她的性格一样改变了很多，现在她在比赛中会积极交流、配合战术。她巅峰时期的平球打得非常好，但她受过一段时间的伤，因此改练别的战术了。现在她的球风和以前完全不一样，威胁性比之前更大。虽然她的平球没有以前打得好，但她的跳球质量可以说是数一数二的。

张西伶：总体来说，我们所有人的状态都在往好的方向发展，实力或多或少都有所提高。因为 2023 年我们都有比赛，虽然表面上不说，但我们大家其实身上都是有压力的。每个人都非常努力地训练，都想要拿到好成绩。

请谈谈你们在长时间训练中与队友的关系？

许淼：我们六个人是互补的，每个人擅长的地方都不一样。在生活中，有的人比较节俭，有的人比较勤劳，有的人审美比较好，有的人懂得比较多，有的人很有文艺范儿。每个人都有特长，在性格方面也有自己独特的魅力。盲人门球是一个团体项目，需要大家彼此融合、互相进步。在我们队里，比如说在技术上，如果我觉得这一块你可能做得不那么好，而我做得还可以的话，我愿意把经验心得分享给你。反过来，如果我有什么地方做得不太好，人家也愿意教我。我们大家互相学习，每个人都不藏私。

2022年过年时，加上周末，我们一共休息了三天半。过年那几天，整个基地就只剩下了我、王丽珍、张西伶和曹振华。基地占地有170多亩，但这时候只有我们四个和一个门卫大爷。家在衢州的、嵊州的人都回去了。不过我们过年也不冷清。我们四个人做了一桌子菜，特别丰富！有酸菜鱼、虎皮鹌鹑蛋、孜然羊肉、凉菜、皮蛋、土豆丝和西红柿炒蛋。

王丽珍：我做了凉拌皮蛋和酸菜鱼。曹振华的虎皮鹌鹑蛋真是一绝，张西伶做的凉菜也特别好吃。我们四个人围在一起包饺子，曹振华和面。我不会和面，所以只好包饺子。酸菜馅是许淼老家的特色，作为一个山东人，我也是头一次吃。山东的饺子通常都是玉米猪肉馅的，我来杭州后还吃到过三鲜馅的饺子。

许淼：现在想起来，那三天我们过得很丰富、很充实、很快乐。虽然我们也很想家，但是我们必须为了目标努力。

我们六个人没有比赛的时候会一起出去玩。现在我们已经很熟悉常去的几个地方了。王丽珍每次去商场都会去逛一家服装店，她喜欢复古法式宫廷风的衣服。

王丽珍：对，每次去逛街，我都会去看衣服。我太喜欢上面有水钻的漂亮裙子了！也很喜欢宫廷风的外套，可惜太贵了，我买不起。我的衣服基本是在四季青买的，便宜。我现在最喜欢的一条裙子是无袖吊带裙，它的裙摆像花骨朵，裙子上是闪亮的水钻。但是我现在剪短发了，我觉得我穿起来不好看。

除了逛街，我们还会看一些比赛。我很喜欢乒乓球运动员孙颖莎，为此，我买了一个鲨鱼玩偶挂在我的包上。我是在东京奥运会上开始喜欢她的，她身上有很多值得我学习的地方。

许淼：压力大的时候，我们会去唱歌，但是训练紧张的时候，我们就不会去唱歌。等我们今年的比赛都结束了，再去唱。我们六个人聚在一起还会打扑克牌，玩干瞪眼、牛牛、炸金花。王丽珍斗地主打得比较好，她很会配合，会给人家使眼色、打暗号。

王丽珍：哪有，我打牌凭运气，玩斗地主的时候给别人当辅助。我们的队长王春艳牌技相当不错。

许淼：王春艳的牌技确实很好，曹振华炸金花玩得比较好。张西伶平时不玩，一玩的话运气就不错。而我不会什么打牌技巧，我觉得开心最重要。最近我们还在一起玩《球球大作战》手游。

张西伶：我对这些游戏的兴趣不大，很少跟她们一起玩牌。我们有时也会闹矛盾，但是都是一些小事。我们有共同的目标，而且相处的时间比较久，大家都很了解彼此的性格，闹矛盾也不会闹太久。

王丽珍：我和每个队友都产生过小矛盾。当时，大家的脾气都上来了，双方说话都不太好听。但是只要过一会儿我们就能把心态调整过来，又重归于好。以前年纪比较小的时候，我跟别人吵完架还会冷战。但是现在不常有这种情况，因为我已经成熟了。

张西伶：我记得，2017 年我和许森刚来队里的时候，因为我们两个年龄小、脾气不好，当时吵过几次架。如果看对方不爽的话，我们恨不得把鼻子顶到天上去。不过我们不会记仇，没两天我们俩又和好了。现在年龄增长了，我们的相处模式就是有话直说，没有那么多弯弯绕绕。

许森：但是我们相处时温馨的时刻更多。这周从星期五下午开始我就生病了。这几天都是我的队友一直在照顾我，她们帮我打饭、拿快递，给我盖被子、熬粥，很多事都是她们帮我做的。我感觉很温暖，她们像家人一样。

王丽珍：对我来说，盲人门球队里最温馨的事是关于吃的。因为盲人门球这个项目需要运动员有足够的肌肉，但是我怎么也长不胖，所以队友们每次有好吃的都会第一时间给我。如果餐桌上有高蛋白的食物，很多时候她们会一个劲地往我碗里夹，让我多吃点。到了晚上，我一饿，她们就立刻把好吃的分享给我。这让我心里觉得很温暖。许森和我是两个极端，因为她需要控制体重，所以大家总是对许森说："你别吃了，给丽珍吃。"

请问你们在训练中与教练的关系如何？

许淼：张晓鹏教练来基地的时间比我晚。我第一次见到张晓鹏教练应该是在 2016 年，开始我对他的印象不是很深刻，因为他是比较低调的人，后来慢慢地才对他有印象。

张教练每天都要看我们的动作，看我们哪里有问题，再指出来。他每天回家之后还要研究对手，琢磨对方的战术，分析对方的哪些技术值得学习、哪些方面可以突破。他非常愿意接触一些新鲜的打法、战术，会创新一些技术，并且把适合我们的技术教给我们，把新打法与老打法融合在一起。

不过张教练总是让我称体重，因为我的体重有点超标，放假了教练还让我称体重，把体重告诉他，导致我有一阵听到称体重就紧张。

除了他以外，我们的三位助理教练——陈亮、蔡长贵和杨春红，均是 2008 年北京残奥会的金牌得主，这实在令人钦佩。他们将自己多年积累下来的宝贵经验和深刻见解无私地传授给我们，我们学习到了他们在训练过程中所获得的知识，这种从顶尖运动员身上获得的第一手指导，对我们而言无疑是极其珍贵的。

王丽珍：我和张晓鹏教练第一次见面也是在 2016 年，那是我第一次来杭州。我记得很清楚，当时我刚来到基地，穿过走廊来到寝室的门口，就遇到了张教练。张教练体贴地给我钥匙、房卡。不过我们当时只是打了个招呼，没有过多交流。

张教练训练时特别认真、仔细，非常有耐心和责任心，还很幽默、很平易近人。当然，他在训练期间很严肃，后来他只要一说话，我就不敢动了。虽然休息的时候我们常常一起闹腾，但在训练时他认真起来，我们还是很畏惧他。

张西伶：2016年底张教练带的是男队，我见到他的时候他正带着队员做准备活动。因为我来训练基地的时间比大部队晚了几天，他就把我也叫过去。张教练虽然是一个男教练，但是我跟他聊天挺投机。遇到一些困惑，我会找他谈心，张教练都能帮我解惑。在盲人门球的训练和技术上，张教练也帮助了我很多。

我对张教练印象最深刻的事发生在我刚来杭州训练基地的时候。当时我年龄还小，再加上很久没有训练了，所以在跑步时跑得比较慢。结果张教练就罚我去跑步机上跑了半个小时。半个小时跑完，我早已是气喘吁吁、上气不接下气了。我抹了把汗问他："教练，我跑完了，可以结束了吗？"没想到张教练顿了一会，似乎是在思考，然后才说："嗯……你再跑会吧。"我没办法，只好继续跑。可是越跑我越生气，是可忍孰不可忍，最后我一气之下跑走了。之后张教练便来找我做思想工作，我们俩就聊了好久。

练习盲人门球这么多年，你们与家人的关系如何？

许森：我上一次回家是2022年7月到10月的假期，那一次假放的时间挺长，是几年来放得最长的一次假，我在杭州已经过了三四个春节了。放假要看今年的比赛多不多，备战集训的通知时间是什么时候。有时候如果赛程很紧张，我们自己宁愿留在这里训练也不想回家。

我平时和家里人主要通过发微信、打视频电话联系，聊天比较多。他们经常给我发消息，我回得比较少。有的时候我姥姥会生气，因为我忘记回她的微信，我姥姥一下就着急了，我一打开微信就被她发的消息"狂轰滥炸"。

我回家基本是躺着，有的时候跟我姥姥去园子里采东西。小园子被我姥姥打理得井井有条，她有时会去园子里看看，或者在家里收鸡蛋。我就在家待着，有时候会去乡里赶集，集市很热闹，我从头逛到尾。我还会去串门，如果我在过年的时候回家，家里会很热闹。

王丽珍：我家现在是四口人，爸爸、妈妈、姐姐和我。我爸爸是农民，他现在年龄比较大，不太能下地干活。我妈妈因为眼睛不好，无法工作，所以我要赚钱养家。我现在主要靠盲人门球队里的补贴和比赛的奖金维持家里的生计，但是我比赛获得的奖金很少，因为到现在为止我还没有打出什么好成绩，只在省运会和全运会上拿过一些奖金，大约三万块。

正常情况下，我一年见一次爸妈，因为我们放假才可以回家，没假期是不回去的，平常就打视频电话联系。我是不怎么爱打视频电话的人，可能一两个星期才会打一次，基本上是爸妈给我打。

张西伶：我小时候和家人联系比较多，一个星期至少打两通电话。最近两年没那么频繁了，可能是因为年龄增长了，烦恼也增多了。有时候，我觉得没必要频繁地给家里打电话，有些事情我不好和他们说，他们也不一定能帮上我。既然这样，我又何必打电话让他们烦心呢？

现在我平均一年回去一两次。从 2016 年来到杭州开始，一直到 2018 年，我只有过年时才回一趟家。2019 年是参加全运会后回了一趟家。每次我回家都以放松为主，每天早上睡醒了，我就起来洗漱。看着时间差不多了，我就煮饭、洗菜、备菜，这样我妈妈回来只需要炒菜。我们家里没什么活计，我的视力又不好，只能帮着做这些事。至于走亲访友，我不太喜欢，总觉得有些不自在。

我妈妈以前在外面上班，但后来生了我和我弟弟后，她就在家里陪着我们姐弟读书，照顾我们的生活。我爸爸买了一辆货车后，平时都在外面拉货，可能十天半个月都回不了一趟家。我弟弟现在 23 岁，准备结婚。2021 年过年弟弟订婚的时候，我也回过家参加他的订婚仪式。

我和家人的感情非常好。我记得，有一次我弟弟和爷爷去街上买东西，回来跟我说看见了爸爸。因为在外面跑货车的缘故，爸爸回家的时间很少，我见到他的机会也很少。所以我弟弟就吓唬我："姐姐，我看到爸爸了。爸爸的衣服破了好多洞。"我实在是太想念爸爸了，被他这么一唬，我感到难过极了，竟然被吓病了。我爸爸一听说我生病了，也顾不上工作，尽可能快地回家来看我。我一看见我爸爸，眼泪就忍不住流，抱着他就大哭。我爸爸放心不下我，一直陪在我身边，我的病就慢慢地好了。小时候的很多事情我都记不住了，唯独这件事让我印象深刻。

你们体育生涯中经受的最大挑战是什么？是如何挺过去的？

许淼：我觉得我体育生涯经受的最大挑战应该是我的体重过重问题。体重过重会影响我身体的灵活性，有些动作我做不出来，会阻碍我的进步。

我们教练还问我："我觉得你训练的时候还是蛮拼的，但是为什么你减肥减不下来？"

因为我很难控制体重。我如果碰见喜欢吃的食物的话，真的控制不住自己，没法控制！这简直是违背人类天性啊，你说是不是？

王丽珍：我觉得我在体育生涯中遇到的最大的挑战就是内心的恐惧。以前，平时训练的时候，我是没有问题的，但只要一上场，我就会开始害怕。哪怕不是正式的比赛，只是队里的训练赛，我也会害怕。我对输赢特别在乎，这导致我的心态容易失衡，往往在比赛中发挥不好。这个困难最后还是靠多参加比赛、熟悉适应比赛的环境和节奏来克服的。经历了一场又一场的比赛，我逐渐摆脱了内心的恐惧。因为比赛能提起我的兴趣，我也逐渐学会享受比赛。我觉得这是我在盲人门球生涯中遇到的一个大的挑战，但我现在已经克服它了。

张西伶：我在体育生涯中遇见的最大的挑战是备战东京残奥会时的心理问题。因为心理压力太大，我训练的状态特别差，参加训练也不积极。心理压力就像是一座五指山，我就是那个被压在下面动弹不得的孙悟空。那段时间我的状态非常颓丧，对外界的一切似乎都失去了兴趣，不想说话，不想走动，不想训练……我什么都不想做，就只想放空自己，试图从这份压力下逃离。

最终，我还是克服了心理问题，一方面我要感谢张教练对我状态的时时关注，为我找来了心理辅导师进行心理辅导。另一方面，我觉得战胜困难的办法就是要勇敢地直面困难。

在不训练的时候，你们通常会做些什么？

王丽珍：平时不训练的时候，我会听音乐。我最喜欢的歌手是邓紫棋，她的每一首歌都很好听。不过我不是满世界宣扬自己喜欢谁的性格，更多的是自己放在心里。有时候还会看一些文化类的综艺，比如《中国诗词大会》，我能从这些综艺节目中学习一些文化知识。

张西伶：我没什么爱好，比起出门我更喜欢在家待着。真要说的话，我比较喜欢汉服，尤其是明制汉服，因为它对身材的包容性强。在东京残奥会之前，我时不时会买一件汉服穿。不过我只喜欢在家里和基地里穿，不太喜欢拍照。后来因为备战东京残奥会时我产生了心理问题，所以在比赛前我就把所有的汉服都寄回家了。有一段时间，我在手机上刷到过汉服视频，后来一打开抖音，给我推荐的都是汉服相关的短视频，我就飞快地退出抖音。现在我没有买新的汉服，其实我内心很想，但是每一次都克制住了。

你们觉得参加盲人门球对自己来说意味着什么？

许淼：盲人门球项目改变了我的人生，让我的人生变得不再普通了，而是充满了无限的可能性。成为一名运动员后，我的身体得到了锻炼，我的意志也变得更加坚定，即使遇见困难我也会迎难而上，不会退缩。同时，我拿到了一些成绩，这是对我的一种肯定，也让我变得更加自信。此外，出去比赛的时候我去了很多国家，增长了自己的见识。

王丽珍：加入盲人门球队意味着我能见识更多的事物、更大的世界。以前的我生活在家里、在学校里，而盲人门球为我打开了更广阔的大门，提供了一个能让我实现自我价值的平台。在练习盲人门球的过程中，我觉得我变得更加自信了，我现在是一个有价值、有用的人了。不仅我的家人会更加看重我，我自己也更能肯定自己，认可自己。

张西伶：盲人门球给我带来了很多的益处。首先，我的心态比之前更稳重，考虑事情更加周全，不那么容易冲动了。其次，通过盲人门球，我获得了荣誉，得到了一份我喜欢的工作，而且有机会去更多的地方、接触更多的新鲜事物。盲人门球改变了我的人生，它是我人生中一个重要的转折点。如果我没有接触盲人门球、没有成为一名盲人门球运动员，我都不知道我现在会在哪里、过着怎样的生活，肯定不会有现在的成绩和生活水平。

在年轻时参加体育，你们是否放弃了很多？

许淼：走上盲人门球这条路，我觉得唯一的遗憾是我放弃了学业，我现在没有什么文化。如果有机会的话，我希望自己可以继续读书。一是因为我比较喜欢学习；二是我不想词不达意；三是我觉得我对这个世界了解得太少了，所以每当我遇到在某一个领域取得成绩的人的时候，我都很佩服他们，崇拜他们，觉得他们很厉害。

王丽珍：我从 13 岁开始训练盲人门球，现在最大的遗憾就是放弃了学业。当时做这个决定时，我爸爸和我姐姐尊重我自己的选择，让我听从自己的本心，想做什么就去做什么。但是我妈妈其实是反对我打盲人门球的，因为要来杭州训练，她不放心我一个人出远门。我妈妈一想到她没办法经常见到我，就反对我参加盲人门球的训练。后来她还不放心，找我们学校盲人门球社团的老师咨询过相关的情况。说到底，妈妈还是觉得我走专业盲人门球运动员这条路太辛苦了。

我很向往大学的氛围，等我打出了成绩，我希望能去大学读书。许淼在浙江特殊教育职业学院读书，我也想获得这个机会。继续学业就是我的下一个目标。

张西伶：从小打盲人门球，我也放弃了一些东西，比如说学业。我的成绩不是很好，但是因为打盲人门球，我失去了学习知识的时间。不管成绩如何，我觉得人至少要在学校中接受知识的熏陶，懂得更多的道理，多读书总是没有坏处的。我现在，如果想要表达点东西，总是感觉词不达意。不过退役之后，我可能也不会考虑回到学校学习。因为我的年纪比较大了，不像许淼和王丽珍这么年轻，学习能力和记忆力多少退化了，而且我以后会组建自己的家庭、开拓自己的事业，也没有时间静心学习了。

你们如何看待运动员这个职业？

许淼：对于我来说，运动员就是用下半辈子的健康来换这几年的辉煌。运动员这个职业比较不容易。如果一个运动员能入选国家队的话是最好的，但是有些项目的运动员，优秀的人实在太多，很难出人头地。尽管如此，有一些运动员仍然愿意参加自己热爱的项目，我觉得这种运动员是值得敬佩的。入选国家队的运动员，代表的是一个国家的实力、一个国家的精气神，所以我现在的梦想是成为世界冠军，在国际赛场上展现中国运动员的精气神。

　　王丽珍：我认为运动员这个职业挺辛苦的。成为专业运动员还意味着要放弃学业，就等于少了一份选择。大部分人都是从很小的时候就开始训练。虽然有了成绩非常光荣，但是大部分人没能收获荣誉，这是非常凄惨的。我觉得运气很好或者说天赋出众的运动员会有出头之日，能够收获鲜花、掌声和荣誉。但是天赋不够的运动员可能满身伤病却依然无法取得成绩。我认为运动员的职业生涯就像烟花一样，运动员拼上自己多年训练的汗水，在自己的黄金期用尽全力地绽放。这份光芒虽然耀眼，但也终究是转瞬即逝。

　　我现阶段的梦想是我们队能拿到2024年巴黎残奥会的参赛资格，在接下来的杭州亚残运会拿到盲人门球的冠军。除了盲人门球之外，我希望我可以在线下看一场邓紫棋的演唱会，再看一场孙颖莎的乒乓球比赛。

　　张西伶：做一名运动员真的不简单。想要成长为一名优秀的运动员，不光要有天赋，还需要刻苦付出。运动员要想提升水平，就要付出成倍的时间和精力，而且有时候虽然付出了很多，但是不一定能达到所希望的成绩和高度。体育并不完全是种瓜得瓜、种豆得豆的行业，如果我的孩子爱好体育事业，我会支持孩子把体育作为兴趣爱好培养，但我不会支持他成为一名专业运动员，就是出于这个原因。我的梦想是2023年能拿到2024年巴黎残奥会的入场券，2024年在残奥会上取得好成绩。

第三章

力量与希望

"力量与希望"——新青年论坛之亚残运会冠军运动员与浙大青年交流活动暨纪录电影《水让我重生》展映会于 2023 年 11 月在浙江大学传媒与国际文化学院融媒体中心举办。活动由浙江大学团委和浙江大学传媒与国际文化学院联合举办，旨在通过电影的力量和深入交流，增进对残疾人的理解和尊重。浙江大学团委"新青年论坛"联合传媒与国际文化学院邀请到亚残运会冠军走进学校与青年学生交流分享，让青年学生从中获得力量与希望。

与运动员对话

王庆文[1]：

我们非常荣幸地邀请到了谢毛三女士和王李超先生。两位运动员在运动赛场上表现出色，为祖国赢得了金牌。同时，我们要对用镜头记录了运动员生活、训练的《水让我重生》主创团队的老师和同学们致以崇高的敬意。一直以来，浙江大学对残疾人事业给予了高度的关注，学校设有中国残疾人信息和无障碍技术研究中心、浙大设计院无障碍设计研究所等；学生自发成立了"有爱的"无障碍公益社团；学校通过开展精品课程、实践调研、公益服务等活动，搭建了"有爱

1　王庆文，浙江大学传媒与国际文化学院党委书记兼副院长。

的"桥梁。

在杭州第 19 届亚运会上，浙江大学派出了志愿者，有 600 多名服务于主媒体中心以及 IPC 的饭店运行的团队。"小青荷"[1] 们以贴心周到的服务赢得了各方的认可。亚残运会的主席马吉德·拉什德（Majid Rashed）先生多次在公开场合点赞浙大的小青荷。

在亚运会期间，学校组织志愿者开展了无障碍环境的调研、手语的小课堂、集体观影等活动，引导青年学生关爱残障人士，关注残疾人事业。金行征老师创作的纪录电影《水让我重生》讲述了谢毛三、王李超与蒋裕燕三位运动员为实现自己的体育梦想刻苦训练的故事，也展现了体育的独特的魅力和力量。

观看影视作品，可以使我们体会运动员的日常生活和他们坚定的信念，从感人的故事中凝聚奋进的力量。与运动员和影片主创团队的交流可以让我们增加对残疾人事业的关注。

赵薇（主持人）：王李超在杭州第 4 届亚残运会 S5 级男子 100 米自由泳和男子 50 米蝶泳比赛中斩获两枚金牌，均打破亚残运会纪录。在职业生涯中，他曾三次打破世界纪录，获得残奥会金牌，被授予"全国五一劳动奖章"。谢毛三在杭州第 4 届亚残运会女子单人皮划艇 KL1 级决赛中，以 55 秒 478 的好成绩勇夺冠军，获得杭州亚残运会的首枚金牌。同时这也是皮划艇项目首次亮相亚残运会后，中国队拿下的皮划艇项目历史第一金。下面请两位运动员为

1　"小青荷"这一名称诞生在 G20 杭州峰会，取自宋代诗人杨万里的诗："接天莲叶无穷碧，映日荷花别样红。""青荷"的谐音是亲和，指志愿者的亲和力。杭州亚运会沿用这一名称，指代志愿者。

我们分享他们的生活经历与奋斗故事。

王李超：大家好，我叫王李超。我从 2007 年开始游泳，至今已有 16 年。在我学习游泳的过程中，最困难的是最初的学习阶段。因为我失去了双臂，家人对我非常严格，不太让我接触游泳相关的知识。那时我不懂游泳，第一次去学习时，站在泳池边上，我非常害怕，不敢下水。我的启蒙教练把我放在婴儿池的浅水区，让我自己感受。后来，他亲自下水，托着我学习游泳。在一次下水的过程中，因为水底滑，我失去平衡，摔倒了，由于没有双手去扶旁边的水线和池壁，我瞬间下沉了。那时我感到非常害怕，内心挣扎，甚至以为自己可能就要不行了。幸运的是，我的教练及时发现并把我拖上岸。当时我哭得非常厉害，教练在一边安慰我，鼓励我坚持下去，说我肯定能学会游泳。随着下水次数的增多，我慢慢学会了游泳。克服对水的恐惧之后，我彻底掌握了游泳技巧，甚至参加了各大赛事，一直到现在。

谢毛三：大家好，我是谢毛三。我的体育生涯从 2015 年年底开始，到 2023 年已经有 8 年了。最初，我对体育一无所知，就像个"小白"，懵懵懂懂地进入了皮划艇队。我一开始是个不会游泳的"旱鸭子"，但水上运动首先需要学会游泳。我的教练用绳子绑在我的腰上，让我沉下水。那时我很害怕，因为看到别人游泳都能浮起来，而我下沉得很深。

练习划船时，我对翻船有恐惧心理。教练就用摩托艇带我下水，我从开始到现在只翻过 3 次船。那时其他队友都会游泳和划船，比我强很多。我当时在思考，为什么他们做得比我好？我积极地和教练交流，他一直鼓励我可以做到。就这样，我慢慢学会了游泳。训练中遇到很多困难，但我一直相信通过自己的努力可以克服这些困难，成为更好的自己。最后，我拿到了杭州亚残运会的金牌。

赵薇：杭州亚残运会期间，我在现场看到运动员在拼尽全力的时候，一直有一个疑问，对于残疾人来说，体育项目的意义与价值体现在什么地方？

王李超：残疾人体育事业最初是以康复为主。当时，许多残疾人的训练主要是为了康复，特别是对于肢体障碍者而言。像我这样重度残疾的人，康复是不可能的。后来，我们开始参与竞技体育。肢体残疾人逐步加入体育领域后，他们的精气神也得到了提升。残障群众需要克服各种困难，展现出顽强拼搏的精神，这些精神是我们需要发扬的。

谢毛三：我觉得，体育一方面可以改变残疾人的命运，另一方面可以帮我们找到自信。

赵薇：您二位在体育这条路上奋斗了这么多年，也拿了很多奖。现在正处于求职季，很多同学面临着不同的职业选择，想请您二位谈谈对青年人职业选择的看法。

谢毛三：我认为，如果你对某件事情有兴趣，就去做，只要选择坚持就会取得成功，关键是要有一个坚定的目标。

王李超：以运动员的经验来说，我认为人要有自己的梦想和目标，并朝着梦想和目标前进，重要的是不要放弃，不要气馁。虽然不一定每次都能成功，但至少在这个过程中，你付出了努力。这样，你将来不会有任何遗憾。

赵薇：接下来是互动环节。

学生1：我有个问题想问谢毛三前辈。在您获得杭州亚残运会首金后，我看过一些关于您的报道。我注意到，您提到教练和队友都会称呼您为三毛，团队关系很亲密。能分享一下您在队伍训练中遇到的一些趣事吗？

谢毛三：训练中有趣的事情主要是关于我们完成教练设定的指标和训练量。比如，我们有500米或1000米的计时训练，前几名才能达到教练的指标，我们队友之间会相互鼓励，比如说："如果你完成了，哪怕只慢2秒，我会请你吃东西。"我们是封闭性训练，只有饼干这样的小零食，尽管如此，我们都很知足。

学生2：我想问王李超前辈，我听说您是通过《无臂七子》认识金行征导演的，然后您参与了《水让我重生》这部纪录电影的拍摄。想问您，这些纪录电影上映后，对您和家人的生活有什么样的变化或影响吗？

王李超：这些片子可能对我自己的家庭生活影响不大，但这些片子值得被更多人看到。就像片子里提到的，一个人可能有时会因为自己的残疾让家人感到难以抬头。这些片子记录了残疾人在生活中的点点滴滴，以及游泳给我们带来的变化，可以传递更多信息给社会，让人们更了解我们，从而让残疾人得到更多关注和帮助。

谢毛三：我还想补充一点，我希望这些片子能激励更多残疾人走出家门。我以前也很自卑，甚至不敢在大街上露面。但现在，我坐在轮椅上，感到非常自信。我希望中国乃至全世界的残疾人看到我们的故事后，挖掘自己的潜力，从而变得更自信。

此外，许多健全人也可能会感到迷茫。希望他们能从我们身上汲取正能量。如果残疾人都能发挥自己的能量，那么健全人更能做到，关键是找到自己努力的方向和目标。

学生3：请问你们是如何走上竞技体育这条路的？是什么契机让你们做出这样的选择？

王李超：我走上游泳这条路最初不是我主动选择的。当时萧山残联的工作人员看中了我，我带着玩的心态去尝试，后来拿到了人生中的第一块青少年金牌。之后，我被省队的教练选中，进入了省队。凭着一股不服输的精神，我走上了竞技体育的道路。

谢毛三：我一直都喜欢体育。小学时，我觉得残疾人不可能从事体育这行，其他同学去操场上体育课，我只能躲在教室里。2008年北京奥运会时，我在电视上看到了轮椅运动员，很想尝试，但没有机会。2015年10月，我被杭州市的残疾人代表推荐到体育中心，遇到了我的启蒙教练。大家都说这个项目很苦，但教练看到我的手，说我很有力量。这句话给我留下深刻的印象。

推荐我去体育中心的朋友一直问我能不能坚持练下去。我坚定地回答说我可以，除非教练不认可我。我的队友们都是从其他项目转过来的，有运动基础，而我什么也不会，但我得到了教练的认可。教练说可惜发现我太晚了，那时我已经28岁。我说不晚，只要我把握住这次机会，刻苦训练，我相信我能做到。

学生4：每个运动员背后都有一个很厉害的教练。可以分享一下两位前辈的教练的故事吗？

王李超：我有好几位教练。我和大家分享一下省队的一位教练。他看起来很严肃，训练时语气严厉，他对训练计划的制订非常认真，也要求我们认真对待。一旦我们完成了指标，他和我们之间的气氛就变得很轻松。平时的他很有趣，经常和我们开玩笑，我们常常在他的房间里吃点心，因为我们不能吃肉，所以他会炖银耳汤、泡枸杞茶给我们喝。

谢毛三：我的教练是李戴源，我很感谢他。因为他对我很严格，我曾经和他发过脾气。在队里，我被他骂得最多。如果我达不到指标，就要继续训练，即使其他队友已经回房间去了。有一次，他给我留下了深刻印象：教练 67 岁了，腿不好，但因为我有腰伤，他就跪在地上给我按摩。我在助理教练拍下的照片里，看到他跪在地上，我眼泪就止不住地流。他那么大年纪，还这么辛苦地帮我。我知道他对我严格是想让我取得好成绩，是为了我好。这是我这 8 年来最深刻的记忆。

赵薇：我们已经深深地被他们身上坚定不移、自强不息的精神所打动。人有时和水一样，遇到困难和曲折总能够适时变通，找到方向，奔涌向前。

映后交流环节

金行征（导演）：

在过去五六年里，我拍摄了这部关于残疾人运动员的纪录电影。通过深入了解我才知道，他们生活在一个非常包容的氛围中，没有歧视或不平等。比如，我们可以称呼王李超为"无手"，他并不介意这种称呼。

在接触他们的过程中，我逐渐消除了对残疾人的一些偏见。人们可能会把他们视为弱势群体，但我发现，他们不喜欢被特殊对待。比如，我带他们去食堂吃饭时不去包厢，他们感觉很自在。因为现在我们正在做的是"残健融合"，我们可以一起走出家门，走向社会。

我拍摄了三部关于残障群体的纪录电影，目的是用影像力量推动残疾人事业发展。虽然这类片子很难吸引观众去电影院观看，但我们想让更多人了解这类影片和影片中主角的故事。

我想知道大家看了这部影片，了解王李超和谢毛三的故事后，有什么想法？

学生 1：我身边也有残疾朋友，只在家门口附近活动，不愿出门。我注意到两位运动员都非常自信，让我看到了不同的一面。我想问如何将这种追求自信的精神传递给残疾人？

金行征：确实，很多残疾人不敢走出家门。我拍摄过一位 20 岁的跆拳道运动员，他因为断臂被人看不起，不敢出门。但加入跆拳道队后，他不再郁闷，变得自信，也取得了很好的成绩。社会存在一些刻板印象，认为盲人只能从事按摩工作，但实际上他们的人生有很多可能性。体育就是很多残障人士的一条出路。

有位观众在观看《无臂七子》后说，如果她父亲早些年能看到这部电影，她父亲可能可以早些走出家门。将自信精神传递给更多残障人士，就是我拍摄这类影片的初衷。虽然目前缺乏宣发费用，但我们会利用各种渠道传播这部影片。一方面，浙江省相关部门正积极推介和组织观看这部影片。另一方面，我们也将影片送到一些残障群体的机构展播，效果非常好。

学生 2：刚才听到谢毛三前辈说，总觉得别人会对她有偏见。我想问，残疾人可能存在的心理问题，是来自他们的心理暗示，还是外界给予他们的正能量不够？

金行征：很多人想要了解这个问题。残疾人可能会面临许多挑战，包括个人的心理状态、外部的社会环境等。所以这个问题没有一个准确的答案，是因人而异的，比如谢毛三小时候在村里被人看不起，所以她想离开。而蒋裕燕三岁时被车轧断了手和腿，但她自身没有这段记忆，在一个非常友好的环境中成长。

实际上，很多人对残疾人有偏见。我出生的村子里也有残疾人，大家见到他们会避开，而残疾人最怕的就是"被避开"。谢毛三学习皮划艇前很自卑，长期活在阴影中。当她在体育项目上找到成就与自信后，抛开了一切，别人对她的看法与她对别人的看法都发生了转变。我的另一部纪录电影《无臂七子》里的一个主角，没有手臂，夏天再热也穿西装出门，他说是为了尊重别人，因为他觉得别人看到他会不舒服。后来他用嘴写书法，从创作中找到了自信。社会应该为残疾人创造一个更加包容和支持的环境，帮助他们克服心理障碍，从而促进社会的和谐发展。

学生3：我有两个问题。首先，除了让人们更了解残疾人外，您还希望这部影片能产生哪些影响？其次，这部纪录片着重展现运动对残疾人的影响，让他们获得新生和精神力量，许多运动员退役后会回归正常生活和家庭，您有考虑过继续记录他们退役后的生活吗？

金行征：我拍摄这部电影的主要目的，是让更多的人通过纪录电影深入了解身边的残障群体。同时，我也希望通过这部电影，让在困境中的残障人士，特别是在农村或相对闭塞环境中的人，从中获得精神力量。目前，我还在拍其他项目的运动员，比如跆拳道运动员、盲人门球运动员和射箭运动员等。至于运动员退役后的生活，暂时还没有这方面的拍摄计划。

学生4：健全运动员退役后可能会遇到各种生活上的困难，那对于残疾运动员来说，退役后的生活落差是否会更大？这种困境该如何解决？

金行征：像这些参加过比赛的优秀的运动员，他们有特殊招生的机会，可以进入大学读书，比如王李超、蒋裕燕就在北京体育大学读书。对于优秀运动员来说，他们找工作不成问题，比如他们可以在残联当教练。至于一些没拿到奖牌的运动员，我们还没深入了解，他们基本有工作，业余时间参加训练。

在我另一部作品《无臂七子》中，有个运动员退役后练习书法，在丽江开了店，收益不错。还有一个人在政府帮助下，在绍兴"三味书屋"通过在扇子上写字赚钱。这些都是他们的出路。

学生5：您在拍摄过程中只记录了三位运动员，还是也记录了其他运动员，但因为某些原因没能剪辑到这部片子里？您为什么选择这三位运动员？

金行征：实际上，我拍了很多运动员，但在剪辑时选择了四位作为主角。作为主角之一的杨博尊原本不在我的计划内，但我第一次看到他时，发现了他特别有故事。

这四位运动员各具特色，他们的年龄、体育生涯阶段以及面临的挑战都各不相同，共同构成了残疾人运动员的多样性和丰富性。蒋裕燕作为新秀，她的职业生涯正处于起步阶段，充满着无限的可能性和激情，她所展现的是初生牛犊不怕虎的精神，以及对未来的无限憧憬；王李超作为一名经验丰富的老将，他经历了多次大赛的洗礼，不仅积累了宝贵的比赛经验，还在不断突破自我；杨博尊同样是一位久经沙场的老将；谢毛三是特例，她算是大龄运动员了，但也获得了成功。

学生6：您拍摄了这么多与残疾人相关的影片，最初的动机是什么？

金行征：其实是偶然的机会让我拍摄与残障人士相关的影片，我发现他们有很多故事，这些故事值得更多的人了解。讲述残疾人的故事可以加深人们对于残疾人及其面临挑战的理解，从而推动社会构建一个更加公平和包容的环境。

学生7：影片拍摄周期似乎很长，需要耗费大量人力物力。在拍摄过程中，您遇到了什么挑战？您的资金来源是什么？

金行征：这是一个我既想说也不想说的话题。因为这类片子的市场很小，我之前遇到的投资人一听是关于残疾人的项目就退却了，所以基本上是我自己出资。尽管我们现在有一些基金支持，但很少。好在团队比较小，成本相对可控。

包大为[1]：

我看完这部影片，想到了一位伟大的哲学家——伊里因科夫（Evald Ilyenkov）。他研究黑格尔哲学，受到迫害，后来转向观察残疾人，探索他们如何生活。这些人有的在战争中被截肢，有的在劳动中受伤。伊里因科夫通过描述这些人，展示了哲学的可能性，即人能在不可能中创造无限可能。人认识到自己身体的脆弱，无论是在技术还是制度上，都感觉到不安。但在这种情况下，人们才更能意识到精神的力量，能在不可能中看到可能，在束缚中找到自由。他的哲学作品展示的不仅是肉体的历史，也是精神的历史，特别是当肉体沉默时，精神会帮助人走完最后的路。

1　包大为，浙江大学团委副书记。

学生 8：我身边有一个智力障碍的朋友。当我以善意对待他时，他有时会认为我对他有偏见。我认为，残疾人有自己的骄傲和倔强。您在拍摄这些运动员时，是怎样拉近与他们的距离的？

金行征：在拍摄时，我就是把他们当作健全人。有时他们不需要你的帮助，你的善意可能会被误解。比如王李超，他做任何事都不需要帮助。残疾人经历过伤痛，他们的韧性和意志有时比健全人更强大。你以为的善意，可能对方并不乐于接受，你可以与你的朋友多沟通。

附　录

附录一

关于《水让我重生》拍摄

缘　起

2018 年 3 月，我在拍摄纪录电影《无臂七子》，该片讲述了包括和志刚在内的七位无臂书法艺术家如何在逆境中战胜厄运的感人故事，展示了人的无限潜能与力量。和志刚先生不仅以其卓越的口书书法知名，他年轻时在游泳项目上的辉煌成就也为人称道。然而，由于 20 世纪 90 年代不像现在一样随时可以拍照或录像，我没有找到他游泳时的视频和水下照片资料，影片的丰富性与真实性的力度可能被削弱。

面对这一难题，我想到了一个解决方案，寻找一位"替身演员"再现和志刚年轻时的游泳场景。经人介绍，我与和志刚一起去浙江省残疾人文化体育指导中心（以下简称"中心"）找"演员"，国家队残疾人运动员王李超进入我们的视野。他不仅游泳技术出色，身体条件也与年轻时的和志刚颇为相似，是非常理想的"替身"人选。起初，我的意图仅是拍摄王李超游泳的动作，作为对和志刚过去游泳状态的视觉补充。然而，与王李超交谈后，我的初衷彻底改变了，他不仅拥有令人赞叹的游泳才能，其背后同样藏着一段深刻的、不为人知的故事。他的经历，虽然与和志刚有所不同，却同样饱含了对生活的热爱，以及在逆境中坚持不懈的精神。我意识到，王李超的故事同样值得被记录，他在一定程度上是中国残疾人生活以及体育行业中残疾人的缩影。

于是，我与中心的领导商量，是否可以对王李超等运动员进行拍摄。刚开始他们有些顾虑拍摄是否会影响他们训练，因为王李超等运动员都是国家队运动员。我向他们保证，拍摄时肯定不会打扰他们，只是站在一边记录。这样一说，领导似乎松了一口气，也许领导认为，适当的宣传是必要的，因为很少有人知道这些运动员背后的故

事。别人只知道谁拿了冠军，但不知道冠军背后的艰辛与努力付出。领导带着我在中心走了一圈，讲述了很多残障运动员的故事，我决定要记录他们。

残障人士之间的关系

浙江省残疾人文化体育指导中心是一个专注于提升残疾人体育技能与文化素养的重要基地。这里不仅配备了完善的训练设施，还设立了游泳、射箭、羽毛球、举重以及专为聋哑人设计的多项体育运动项目，致力于为运动员们构建一个温馨舒适的生活空间与训练基地。所有运动员都被妥善安排在一座酒店式的宿舍楼中，宿舍楼采用双人间的标准配置。为了确保运动员的全面发展，除护理人员外，中心特别邀请了经验丰富的文化科目教师，为那些因频繁训练而错过部分学业的运动员提供辅导。这些课程涵盖了初中至高中的核心课程，帮助运动员在追求体育梦想的同时，也能跟上同龄人的教育进度，给来自不同地方、不同残疾程度的运动员创造一个和睦、包容、互助的环境。

1. 共同的目标与使命感

在浙江省残疾人文化体育指导中心，所有运动员都有着共同的目标——参加奥运会、为国争光。他们希望通过体育竞技展现自我价值，并且超越自我极限。这种共同的目标与使命感促使成员之间建立起深厚的友谊，让他们面对挑战时能够更加团结，共同克服困难。

2. 相互学习与成长

每个人都有自己独特的故事和经历。在日常相处中，运动员们有机会了解更多关于残障的知识，也可以从他人身上学到新的技能或者积极的生活态度，这是非常宝贵的财富。比如在游泳队中，王李超与袁伟译都是S5级的运动员，都在年少时失去双臂，王李超比袁伟译大7岁，当袁伟译刚进国家队时，王李超毫不吝啬地与他交流经验。2019年在全国第10届残运会上，王李超获得金牌，袁伟译获得铜牌，他们之间还有一定的差距，但在2021年东京残奥会上，袁伟译的成绩超过了王李超，这并不影响他们的友谊，因为他们都在为国争光。

3. 情感纽带与归属感

在一个相对封闭但充满爱的环境里，运动员之间很容易建立起较深的情感联系。他们既是队友也是朋友，当然也是竞争对手。在训练之余一起踢足球、打台球、玩游戏，度过愉快的时光。这种亲密无间的关系让每个人都感受到了家一般的温暖，增强了彼此间的信任和支持。更重要的是，中心给予了每一位成员强烈的归属感，让他们知道无论遇到什么困难都不是孤单一人。

4. 榜样力量与正面影响

在中心，人们经常要路过一面贴着金牌榜的墙，某某某在哪一年获得金牌，这无疑给运动员增加了信心。在这个集体中，不乏那些已经取得优异成绩的老将。他们用自己的实际行动证明了即使身有不便也能活出精彩人生，也能成为年轻一代运动员甚至是整个社会的榜样。通过了解他们的故事，更多的人开始重新审视自己对于残障人士的认知，社会对残障人士的态度更加开放包容。

5. 相互扶持与共同进步

最初我只打算聚焦于游泳队的蒋裕燕与王李超，但当我认识杨博尊后，我发现对整个群体的记录更具价值。杨博尊是全盲运动员，他步行时，要把右手放到室友杨峰的肩膀上，杨峰天天带着杨博尊去训练、吃饭以及外出行动。杨博尊个子高，力气大，偶尔也帮助左臂残缺的杨峰，他们胜似亲人。这样的例子在浙江省残疾人文化体育指导中心里非常多，他们相互扶持、共同进步。生活在这样一个大家庭中，每位成员（包括教练）都秉持着互相尊重、共同进步的信念，无论是训练场上还是休闲时光，彼此非常默契。这样的环境不仅促进了运动员们实现技能上的飞跃，也提高了他们良好的人际交往能力使他们拥有全新的精神风貌，他们真正实现了身心的健康成长。

拍 摄

这是我第一次在杭州发现的一个令人振奋的纪录电影题材，拍摄地点距离我家仅 10 公里，这让我迫不及待地开始前期调研。为确保尊重与真诚，在刚开始的几天里，我站在游泳馆的一旁静观默察，避免干扰他们的训练，也很少与运动员直接对话，以此逐步建立互信。随着时间推移，我与王李超、蒋裕燕逐渐变得熟悉。蒋裕燕当时才 13 岁，刚开始她不善于与陌生人沟通，显得羞涩，幸好有她母亲的陪伴。通过与蒋妈妈的交谈，我深入了解了她们的日常生活点滴、个人喜好及面对的困难与挑战。当我们详细阐述了拍摄愿景与意图后，获得了她们的全力支持与配合。这不仅为我打开了了解她们的大门，也意味着我可以从一个运动员母亲的视角，获取更多的信息。

我当时对影片《水让我重生》的构思也很简单，就是想记录他们备战东京残奥会背后的故事，时间线很明确。但当我观察了一周

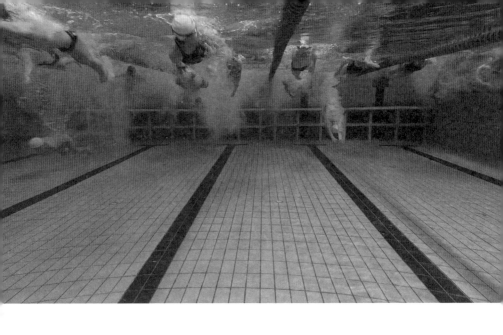

后，意识到拍摄的场景略显单一，且游泳馆里噪声非常大，这对拍摄提出了更高要求。我想在拍摄技术上改变之前惯用的静态镜头。

在摄影方面，我采取了多角度同时拍摄的方法。考虑到游泳是运动的，又在水下，我特意增加了稳定器与水下摄影设备。由于我之前用的大机器无法在稳定器上使用，因此我专门购置了一台轻便的 Blackmagic Pocket Cinema Camera 6K Pro 摄影机，主要用于捕捉动感镜头和特写镜头。对于水下摄影部分，经过多种方案考量，我最终选择了简易的 GoPro 作为主要设备，实际拍摄效果令人满意。我的主摄影机则是 Blackmagic URSA Mini Pro 4.6K，确保整体影像质量。几台不同的摄影机从不同视角捕捉他们拼搏的瞬间，可以增加影像的丰富性和深度。当我尝试在水下拍摄时，我经常漂在水中，沉不下去。游泳队李教练教我一个很简单的方法，就是跳到水里后，马上把肚子里的气全部吐掉，人就自然下沉。有时为了寻找更好的拍摄角度，要潜水60秒以上，这对于我来说是一次全新的拍摄体验。水下拍摄的视角十分独特，经常有惊喜。

在声音处理方面，我采取了针对游泳馆内的环境噪声的措施，配备了高性能指向性麦克风，结合便携的小蜜蜂（无线麦克风）设备，确保能清晰录制教练指导的声音以及细微声响——呼吸声、水花声，这些真实的声音细节构成了故事的肌理。后期混音时，我们融入了额外音效与部分弦乐背景，既消除了部分环境噪声，又有效增强了影片的情感张力，观众也能更深切地感受到运动员们的心跳。

之后因为新冠疫情，我的拍摄工作遭遇了前所未有的挑战，人员流动不便导致拍摄计划难以顺利进行。运动员们面临的挑战尤为艰巨，他们深知，新冠疫情可能影响东京残奥会。对于许多运动员而言，东京残奥会不仅是一场体育竞技的盛会，更是他们多年用汗水与泪水浇灌的梦想舞台，可能对有些运动员来说，这是他们一生中唯一一次在奥林匹克的光环下为国争光的机会。因此，每当新闻中提及新冠疫情的最新动态，或是出现有关东京残奥会能否如期举办的讨论时，他们总是格外关注，心中充满了期待与不安的复杂情绪。正如在影片中王李超所感慨的那样，东京残奥会延期为他的心理与生理带来了双重考验。对于这位游泳老将来说，他因年龄问题处于职业生涯下坡阶段，他的体能和反应速度正在自然衰退，这让他不得不在更加艰难的条件下维持甚至提升自己的竞技状态。面对这样的困境，王李超并没有选择退缩。在浙江省残疾人文化体育指导中心的支持下，他开始了更为科学化、个性化的训练计划，力求在有限的时间里最大化地保持和提升自己的体能与技术。中心引入了先进的恢复技术和营养管理方案，帮助他缓解疲劳，加快恢复过程。同时，专业的心理辅导团队也在不断给予他正面激励与心理调适策略，帮助他克服焦虑与压力，保持乐观的心态。影片展现的这段经历感人至深，也是人类面对挑战时不屈不挠的精神的体现。

附录二

纪录电影《水让我重生》研讨会

当代中国影视评论工作坊（第一期）

纪录电影《水让我重生》的审美意义研讨会

研讨会由浙江大学王杰教授发起

　　纪录电影《水让我重生》中的"水"与"谁"谐音，到底是"水"让我重生，还是"谁"让我重生？"我"指的又是谁？从生物学角度来讲，生命起源于海洋。因为水是生命的起源，其对人来说一直有着自然的亲和力。自然美、人类学和当代进化论都可以对这种亲和力展开解释。影片中的国家队残疾人运动员、教练和拍摄团队在特定的时空中形成了一个具体的、现实的小乌托邦。影片在艺术手法上有所创新，整体构思具有当代特性，是将人类学与社会学田野研究运用于当代电影研究的一个很好的案例，具有重要的意义。

上午场

王杰[1]：

在现代化的发展中，在中国的文化强国的建设中，在中国的艺术即将迎来鼎盛的时代，文艺评论不可缺少。在五四和全面抗战时期，一系列优秀的文艺作品横空出世，一系列批评家发出了声音，有的是呐喊，有的是严厉的批评。所有的文艺高峰都离不开批评家、评论家。浙江大学是中国文艺评论基地的15个文艺评论基地之一，是以马克思主义的美学观来批评当代艺术的阵地，当代中国影视评论工作坊希望得到学术界、艺术界等各方的大力支持。

韦路[2]：

很多在座的老师和同学们看电视看电影之后，都有一个感觉，就是感觉光看还不过瘾，看完之后我们还得思考、评论，还得想想这部电视剧、这部电影到底讲了些什么，又传递了什么，有什么样的社会意义，对我们整个国家乃至整个世界的发展有什么样的启示。但是通常我们自己去思考这些问题的时候，可能很难想得特别清楚，所以我们就会去看相关的评论。

第一期评论工作坊的主题是金行征老师拍摄的一部纪录电影——《水让我重生》。前段时间学院内部的看片会上，部分老师和同学在现场观影，我也在其中。看完之后，我非常有感触。首先，这

1　王杰，浙江大学求是特聘教授。
2　韦路，时任浙江大学传媒与国际文化学院院长，现任浙江传媒学院党委副书记、副院长。

部电影拍得很不容易，历时整整五年。拍摄过程非常艰辛，凝聚了金老师以及他的团队长期以来的辛勤汗水和不懈努力。这部电影是作为亚残运会开幕献礼的影片，亚运会正在如火如荼地进行，各个项目也进入到最后的决胜时期。但事实上，公众对于亚残运会的关注还不太够。金老师通过这样一部电影让大家更加关注残疾人运动员，更加关注残运会，更加关注残疾人事业，我觉得意义非凡。

《水让我重生》作为反映中国残疾人运动员的体育题材的亚残运会开幕的献礼片，是服务国家的重大战略需求的体现。影视作品无疑是讲好中国故事、传播好中国声音的重要载体和手段。这部电影就是一个非常好的载体，通过关注残疾人运动员，展现了中国的体育精神。我觉得当代中国影视评论工作坊是一个非常好的互相交流研讨的平台，能让优秀的影视作品走向千家万户。

高峰[1]：

目前关于纪录片的活动很多，但是真正有学术价值的不多。各高校学术活动也很多，但是就纪录片内容开展的活动又很少。所以，今天这个活动对纪录片人来说，对致力于研究纪录片学术的老师和专家来说，非常珍贵。这几年，浙江高校产出了不少优秀的作品，这部纪录电影《水让我重生》又为中国的纪录电影增添了一朵璀璨的奇葩。高校能够制作出如此优异的电影，这对教学和人才的培养是弥足珍贵的。我想，浙江的高校产出了这么多高质量的电影作品，可以将其称为"浙江现象"。浙江的高校像一个弄潮儿在引领高校影视创作的潮流。

1　高峰，中国视协电视纪录片学术委员会主任。

《水让我重生》是一部励志的纪录电影，也是一部体育题材的纪录电影，值得深入探讨。我希望这次研讨会能够提高大家的学术水平，特别是高校更应该通过学术研究，产出一些学术成果，为中国纪录电影增添学理性。

赵瑜[1]：

刚刚看完金行征导演的作品《水让我重生》，我想大家心里有非常多的话要说，有非常多的情感要表达。首先有请金行征导演进行简短的介绍，《水让我重生》记录了这么多人"重生"的精神经历，您个人在这个过程中有哪些体悟？

金行征：

我从 2018 年开始拍摄这部影片，直到现在我还在修改影片的色彩。这几年拍摄制作这种影片对我最大的改变就是让我对残障群体有了深刻认识。有一次，蒋裕燕跟我说，她不认为自己是残疾人。所以，围绕着这个观点，我们应该怎么样理解与认识他们。

不久前，浙江省残疾人联合会的一位领导看了这部影片之后说："原来这个群体内部的关系如此和谐。"影片中的王李超，在队里的绰号叫"无手"，当她看到有人称王李超为"无手"时，马上就说："怎么能叫他'无手'？这是不是对他的一种歧视，是不是对他不尊重？"但是，当她看完这部片时，了解这个群体内部关系的融洽之后，感慨万分。

1　赵瑜，浙江大学教授。

我们一直在为残障群体做一些力所能及的事，我所能做的就是通过纪录电影呈现他们真实的故事。虽然这部影片的制作花了很多时间和金钱，但影片中没有植入任何商业广告。影片中运动员穿的带有品牌商标的衣服，都是他们自己的衣服。除了浙江文化艺术发展基金与杭州市文化精品扶持的一些资助外，其他部分都是我们出资。

张建庭[1]：

看完这部影片，我很激动，很感动，很钦佩。这部电影宣扬了一种坚韧不拔的意志力与爱国精神。各行各业的人都应该向他们学习健康的精神和意志。纪录电影是一种新的形式，主要人物都是真实的，我认为，纪录电影比虚构的故事带来的真实性更具有冲击力。

张献民[2]：

2008年奥运会，有一些人尝试拍摄聋哑人的纪录片，到现在，这类电影的主题还是关于荣光。我觉得《水让我重生》展现的是荣光、生命的爆发力等主题。从学者的角度，我觉得这些东西有待研究。从理想来讲，我希望以后相关理论能够更进一步地和这类题材的创作结合。

范志忠[3]：

第一届的西湖国际纪录片大会上，金老师的纪录电影《罗长

1　张建庭，浙江省人民政府特约研究员。

2　张献民，北京电影学院教授。

3　范志忠，浙江大学求是特聘教授。

姐》[1]让我眼前一亮。我记得当时一个评委甚至认为在那一届西湖纪录片展映的电影中，这部电影最能体现导演对生活的观察能力，以及导演在影片中应用艺术语言的才华。

从《水让我重生》这部电影中，我感受到金老师既有坚持，也有改变。这种改变可能基于多重原因，他的坚持在于观察非常态的生活现象。罗长姐的儿子是身心不健康的，而罗长姐是全国道德模范。在主旋律中，我把它定位为主流文化中一个特例。《罗长姐》中，金老师致力于挖掘与表达人性，展示了一位母亲对一个精神失常的孩子的关照，影片充满了光影的艺术表达，画面也有相应的隐喻与象征。比如罗长姐养猪生动地传达出对生命的关注，这给我留下非常深刻的印象。

在《水让我重生》中，金老师还在坚持对非常态人群的关注，这种关注已经成为他的风格。但是跟《罗长姐》相比，《水让我重生》又有不同。一是《罗长姐》展现的是个体、一个家庭，而《水让我重生》里展示的是一个群体；二是罗长姐是全国道德模范，但是她的生活具有边缘化人物生活的特点。而残疾人运动员在主流文化视野中，一直被视为展现社会关怀与人文力量的重要象征。有个人类学家说，人类文明的曙光就在于人类以爱心和关怀照亮了老弱病残的生活和世界。

在这个意义上，残疾人运动会，包括残疾人体育本身就是主流文化，是为了验证主流的合理性和合法性，以及人性的力量的符号。虽然残疾人在公众的面前，确实是以力图成为健全人的立场呈现的，

1　纪录电影《罗长姐》，2021年5月8日在全国院线上映，影片讲述了全国道德模范罗长姐不离不弃地守护精神失常的儿子的故事。

但是我们又必须面对残疾人的身体本身，他们有很多的隐痛，可能是我们常态中无法关注的。他们的情感挣扎，也是难以为人所知的。我更期待《水让我重生》只是一个序。我认为，用艺术的语言展示人性的力量，在主流话语中洞察人性是纪录片应该坚守的，也是纪录片最重要的魅力所在。

苏七七[1]：

我上一次到浙江大学是为了采访金行征导演，那时我们正要写一篇关于浙江电影新浪潮的文章。看完《水让我重生》，我注意到金行征导演的作品在题材上的继承关系。我会想，纪录片貌似是真实的、客观的记录，但是它又是非常主观的，它跟创作者的观念、思想情感的维度，乃至性格的维度直接相关。就《罗长姐》这个题材，如果换一个导演来拍，也许会完全不一样。《水让我重生》也是如此，我感觉金行征导演在这个题材方向上发现了某种与他自身性格与精神层面共振的东西，从而引导他在这个题材上继续发掘。这几部影片在我看来确实都非常正能量，但是就我对金行征导演的访谈以及接触来看，他又确实是这样的人。他的精神面貌和他所秉持的生命的荣光、奋斗的精神，这些东西对他来说都是真实且真诚的。他把自己的内心投射在他的拍摄对象身上，他在拍摄对象身上发现的东西又折射回他自身，从而产生这种振荡，形成了他作品的整体基调。

在叙事层面上，与《罗长姐》不同，《水让我重生》是群像式的拍摄方式。我觉得，导演要讨论集体的荣光与个人生命意志之间的关系，以及其派生到诸如身体政治议题时，基本是以人为主的。比如导

---

1 苏七七，知名影评人。

演以拼图的形式展现运动员与教练员、亲人、孩子的关系，整个群体与个人的关系。我觉得非常完备，每个人物上都聚集了足够的信息。这也跟导演投入多年的时间有关。另外，我感觉千岛湖场景的加入使视觉拓展到了一个更大的空间。但是从这个层面上来讲，我觉得导演的叙事缝合得过于完备，毫无破绽地端出了身体的、生命的、集体的、荣光的这些东西和它们之间非常自洽、平衡的关系，或许可以在影片中留一点破绽。我觉得影片中一个超出整体的叙事框架的地方，是展现杨博尊的故事的部分。弹吉他的杨博尊没有局限于"水让我重生"，因为吉他给他的生命带来了别的东西，他的家庭生活也给他带来了新的东西，这是我的浅见。

王杰：

我的研究方向之一是审美人类学。几年前，我意识到，当代电影其实就是我们身边的田野，可以通过鲜活的影像呈现当代人的情感结构，从而反映社会。

这是我第二次看《水让我重生》，我觉得这部电影与金行征导演的前两部电影相比，有一个质的飞跃。我们都知道巴迪欧（Alain Badiou）的理论，事件的产生可能有一定的偶然性，但它一旦发生就会产生意料之外的结果。当然，现在只是我自己把它标明为事件。

刚刚几位老师都讲到身体美学，显然《水让我重生》既是一部运动美学的电影，也是一部身体美学的电影，而且是身体美学中一种特有的现象——残疾人的身体。中国的美学界和评论界现在讨论身体美学时，使用的都是精神分析、现象学等理论。伊格尔顿（Terry Eagleton）有本重要的书叫作《美学意识形态》。1990 年出版的《美学艺术评论》中就有一篇书评指出，伊格尔顿在早年就提到，现代社会的人分裂为三个维度：一个是欲望，一个是劳动，一个是意志。刚刚苏七七和张建庭讲到，这部影片中意志的力量很强烈。伊格尔顿说，弗洛伊德、马克思和尼采是 20 世纪最伟大的美学思想家。然后又在导论中提到，现在的人是分裂的。几位老师认为，这部电影可能存在的不足在于没有更好地呈现这种冲突。他们应该是有冲突的，有纠结的。因为现在人被撕裂了，他们在艰苦的训练过程中，比如运动员跟家庭分离，会有更多的痛苦。影片中的确有所表现，但是如果能够表现得更突出，审美效果可能会更明显。伊格尔顿在这本书里讲道，现代社会从美学上来讲，艺术最重要的能力或者说功能，就是如何重建。所以"重生"非常好，他们确实在运动和竞技中升华了，得到一种重生，战胜了现代人的分裂。

伊格尔顿有一个很重要的观点，美学在非常长的时间里面被认为是没有物质基础的，但美学的物质基础就是人的身体。影片中有人的劳动，运动员的训练是很沉重的劳动。谢毛三被隔离时，她每天做 300 下俯卧撑，这是劳动。影片中也有欲望，也有爱情，也有跟孩子的感情，还有跟自然中水的感情。

赵瑜：

大家对这部影片有很多的褒奖，也有不少的批评。现在请金老师简要地回应一下各位专家的评价。

金行征：

今天的讨论非常有价值。在创作一部影片时，我们不仅要考虑到电影本身，还要关注拍摄对象的情感以及与他们的互动。在拍摄过程中，我们需要面对"是否可以拍摄"的问题。我们在追求完美和循规蹈矩之间寻找平衡，也面临着要拿到电影片公映许可证的压力。通过影像展示与呈现残障群体是我们的使命，因为残疾人的体育赛事不仅展示了残疾人的才能和潜力，也传递了积极向上的生活态度和自强不息的精神，还能使残疾人获得社会的认可和尊重，从而增强他们的自信心和融入社会的勇气。在未来接触残障群体的过程中，我们希望能有更大的突破。

观众 1：

金老师，您好。我有两个问题。第一个问题是我注意到影片中这些运动员家庭结构的中心在母亲身上，父亲的角色似乎缺席了。我想了解这是有意为之，还是出于其他原因？第二个问题是关于人物选择的平衡。游泳运动员的镜头较多，而皮划艇只有一个代表，我想知道这样设置的原因。

金行征：

影片中呈现了王李超父亲对王李超的爱。而谢毛三的爸爸原本有一段感人的故事，但最终被剪掉了。蒋裕燕的爸爸与蒋裕燕的妈妈因担任家庭角色的不同，所以对前者的展现不多。蒋裕燕的妈妈自从蒋裕燕 3 岁出车祸后一直陪伴在她身边，直到她 16 岁。在一个有残疾人的家庭中，照料和关爱是不可或缺的，所以影片中母爱的展现更为突出，特别是母亲的关照在残疾人生命重塑中的重要性。

至于您提到的第二个问题，游泳是本片的重点，皮划艇的加入则是为了呈现不同的视角和空间。游泳在水下进行，而皮划艇在水上，两者在影片中可以实现衔接。就影片内容而言，运动员的选择是出于广泛呈现残障人士的目的，四位主角代表着运动员在职业生涯与生命中的不同阶段。

观众 2：

我之前参与过亚运会的纪录短片创作，那次经历让我更欣赏您的这部影片。苏七七老师提到的杨博尊弹吉他的情景让我深受感动。我有两个问题，第一，您对影片上映后观众的反应有何预期？第二，关于创作过程，您提到，您是一个人在新冠疫情期间完成拍摄的。我想知道，在这样的情境下创作，是否会让您错过一些珍贵的画面，或是捕捉到一些出乎意料的惊喜？

金行征：

先回答第二个问题。由于新冠疫情，我们最多只能有两人进入现场拍摄。虽然这种情况带来了一些局限，但在回顾整部影片时，我发现也为我们带来了一些意想不到的镜头。虽然我在影片中没有详细展现具体情况，但观众是可以体会到的。

至于第一个问题，因为我们的宣传费用极少，首先是怎么样能够让观众看到这部纪录电影。当前的发行方式处在初级阶段，我们计划 10 月 13 日在杭州举行首映礼，并在浙江其他城市进行点映。之后，影片将在杭州亚运会期间上映。亚运会结束后，我计划带领亚运冠军走访全国，进行更广泛的宣传。影片中的四位主角都将参加杭州亚残运会。我们将与主角一起去他们的家乡，推广宣传影片。因为宣传影片需要费用，所以我们的推广更多是为残障人士服务，尽可能把影片送到一些特殊机构。但这部影片的意义并不局限于此，我们希望通过更多的宣传渠道，让更多的观众了解和欣赏这部影片。

赵瑜：

在观看金导演的影片时，我被深深地打动了。对于影片，每个观众都有自己的感受与体会，希望这部影片的价值和意义能被更多人看到与感知。在如今这个快节奏、效用至上的社会，高校为我们提供了一个追求"无用之美"、探索人生意义的空间。希望浙江大学的创作力量能够继续壮大，也希望各位学者和研究者能给予更多建设性的批评和建议。

下午场

林玮[1]：

金老师分享了他对《水让我重生》这部作品的见解，强调其核心不在"水"，而在"谁"——是谁赋予了我"重生"的力量。我认为，正是各位专家深入而广泛的讨论，赋予了这部纪录片新的活力，使其再次"重生"。

严卫平[2]：

我与金行征导演相识于首届西湖纪录片大会的颁奖典礼，我记得他的妻子当时刚生完孩子，夫妻二人一起出席了颁奖典礼。在那届西湖纪录片大会上，他的作品《罗长姐》荣获年度新锐奖。

金行征导演是一个睿智、质朴、真性情的人，他的作品在平静诉说故事的同时，又深刻洞悉人性和社会。多年来，金行征导演始终坚持走自己的路，致力于挖掘残疾人题材，创作了《罗长姐》《无臂七子》和《水让我重生》等作品。

纪录片能为社会带来什么贡献？能解决哪些问题？难以一时给出答案。但我坚信，金行征导演创作的这类纪录片，能让我们看到社会的多样性，也许还能间接推动社会和残疾人事业的发展。

2010年10月，国家广电总局出台《关于加快纪录片产业发展的若干意见》，2011年开始实施纪录片季度推优制度。各省每季度都可以向总局推荐纪录片作品，由总局组织专家评审，然后发布。那时，每个省每个季度都有10部纪录片的推荐名额。但在2011年到2013年，浙江省的纪录片却一直未能获得推荐，每个季度都空手而归。浙

1　林玮，浙江大学教授。
2　严卫平，浙江省纪录片协会副会长兼秘书长。

江作为影视大省，电视剧和动画片的发展状况都位居全国前列，纪录片怎么会如此落后？于是，浙江省广播电视局决心推动浙江省纪录片的发展，出台了《关于促进我省纪录片发展的十条意见》，包括建立基金、成立协会、设置奖项、作品扶持、人才培养和扩大播出平台等。

经过各方努力，这些措施得以顺利实施，浙江省纪录片的发展取得了显著成效，显示了浙江省纪录片在全国的领先地位。能获得如此耀眼的成绩，除了政策引导，人才引进和团队合作也发挥了关键作用。

高峰老师提到，金行征导演的纪录片被看作浙江高校和纪录片创作结合的体现。根据高峰老师的看法，浙江当前的纪录片创作形成了三股力量。第一股力量是由浙江卫视带领的主力军，其中包括许继锋老师等纪录片领军人物；第二股力量源自高校，浙江的高等学府是纪录片创作的重要生力军，如浙江大学的金行征老师以专注残疾人题材著称；第三股力量是在各级电视台里从事纪录片创作的工作人员。

工作坊的设立和内容非常有意义。浙江工业大学的萧寒老师因《我在故宫修文物》和《喜马拉雅天梯》而闻名，现正在拍摄一档美食类纪实节目。浙江工业大学还曾举办多届西湖青年纪录片论坛，对浙江乃至全国的纪录片创作产生了广泛影响。国内纪录片领军人物梁碧波老师，在浙江传媒学院培养了一批优秀的青年纪录片创作团队。中国美术学院拥有创作了《少年小赵》的杜海滨老师，学校也曾举办了5届西湖国际纪录片大会。浙大城市学院成立了中国长三角纪录片创作研究中心，目前正在筹备中国纪录片编年史项目。

浙江高校的纪录片创作力量令人瞩目。这些老师具备丰富的经验，不仅从事教学和科研，还积极参与创作，为浙江省纪录片的发展做出了显著贡献。我希望金行征导演能继续关注特殊群体，让观众看到更多勇于突破自我，努力使世界变得更美好的人。

最后我想探讨一个问题：拍片如此辛苦，但票房却不尽如人意，为什么？确实，票房问题一直令人头疼。在 2023 年 8 月，我为一部影片组织了一场观影活动。我没敢定太大的场地，只选择了能容纳 60 人的场所，但最终还是有 10 张票未能发出去。这样的状况说明，即使是好电影，也面临着推广的难题。我相信，金老师的这部电影通过相关部门的推广，其影响力肯定会超过我提到的那部电影。

高峰：

虽然我是通过手机观看这部影片的，但它还是给我留下了深刻的印象，特别是片名。在这部影片中，水的象征意义给我留下了深刻的印象。水在道家思想中代表生命和宇宙的流动；在佛教中象征着慈悲、智慧和亲近；在儒家思想中体现人与人之间的和谐。在心理学中，水也具有特殊的象征意义，它代表着爱、关心和帮助。打动我的不仅有教练和运动员，还有清洁工和护理员等。

影片后半段通过展现这些运动员的家庭和社会关系，进一步强调了水的象征意义。残疾人运动员的婚礼和乡亲们的庆祝宴会等场景都让人印象深刻。我记得一个无臂的运动员迎接新娘的场景，非常动人。

王杰：

在我看来，水和"乡愁乌托邦"的关系非常密切。费孝通提出了"乡土中国"这一表述，现在，我们在美学上将其称为"乡愁乌托邦"。学术界曾经讨论过亚细亚生产方式，意思是中国为什么那么早就成为一个很庞大的帝国？答案是因为治水。"乌托邦"（Utopia）是否真的代表一个无法实现的、虚构的地方？从托马斯·莫尔（St. Thomas More）[1]到恩格斯的社会主义观念，从空想走向科学的进程，都有力地证实了"乌托邦"是一个更美好、更契合人性、值得全人类齐心协力去创造的世界。实际上，影片中的运动员、运动员家属、教练以及导演共同构建了一个微型的"乌托邦"。

现今，全球学者已经认识到"乌托邦"可以在不同的时空背景下实现。我认为，《水让我重生》正是这个观点的佐证。残疾人在现代社会中虽然是弱者，但通过他们的努力，乡愁被升华为了"乌托邦"。

《水让我重生》不仅记录了残疾人体育赛事，还深层探讨了体育运动中的美学价值。我曾经翻译过一本名为《价值论美学》的书，其中有一章专门探讨了体育运动中的美。体育运动，尤其是竞技性的运动，能让人达到自由的境界。残疾人如果没有外界的帮助，很难在社会中站稳脚跟，但在《水让我重生》中，我们看到了他们如何通过运动、通过教练和团队的帮助，将乡愁升华为"乌托邦"的。

因此，我产生了一种理论冲动，我相信该作品能证实这一点，证实我们对"乌托邦"的乡愁。我相信在场的每个人，都在自己的人生经历中感受过现代化进程中自己内心充满着竞争的焦虑、痛苦以及各种现代病。

1　托马斯·莫尔，欧洲早期空想社会主义学说的创始人，以其名著《乌托邦》而名垂史册。

另外，我还要强调这部电影的特殊之处：在运动中展现的身体美学。我认为，《水让我重生》不仅捕捉到了运动员在水中的优雅，更展示了他们坚韧不拔的意志力。他们的表演如同舞蹈，通过努力、家人的关心以及教练的指导，在种种困境中，展现了生命的爆发性飞跃。我所说的"爆发性飞跃"是受到托尼·本尼特（Tony Bennett）[1]在研究习性（habits）概念时的启发。习性，通常被视为人的固有属性，按照进化论理论，它是缓慢改变的。但在特定的情境下，特别是在艺术的独特语境中，习性可以实现爆发性的活跃。

高宏明[2]：

我被这个片子深深触动了，因为我曾拍摄过三部关于残疾人的片子。1986年，我遇到了一名被严重烧伤的士兵。他失去了双手和视力，面部严重毁容。当我试图拍摄他的时候，我发现他的形象实在是令人难以直视，我最终设法通过同期声来呈现他。这部片子播出后，获得了社会高度评价。第二部片子也是关于一名残疾人的，他是一名作家。但这部片子没有成功，我最终把焦点转向了他的妻子。第三部片子是在世博会期间拍摄的，我带领了50多名学生分成7组拍摄，其中一组专注于拍摄残疾人的生活。我也开始思考残缺叙事在运动美学中的应用。

我回顾了自己曾经拍摄的三部有关残疾人的纪录片，每一部都有其独特的叙述方式和视角。这种多样性的个体经验构建了丰富多彩的集体叙事。这些纪录片打破了传统叙事的束缚，呈现出一种碎片

1　托尼·本尼特是当代英国文化研究的代表人物之一，著名马克思主义文艺理论批评家，文化政策与治理研究领域重要开创者。

2　高宏明，上海大学客座教授。

化、非线性的叙述方式。这并不意味着他们缺乏逻辑性或故事性，而是展示了一种更真实、更多元的叙述方式。尊重被拍摄者，让他们自己讲述自己的故事，这是残缺叙事中的一个核心原则。在这个过程中，我们作为观察者和叙述者，才能够更深入地探索和理解被拍摄者的内心世界和生活经历。

在今天的讨论中，导演提到的"残疾人不认为自己是残疾"这一说法引起了我的思考。我记得在 1986 年拍摄纪录片时，我的拍摄对象有一句话让我深受触动。他说："我是残了，但是我没废。"这句话表达了他的内心世界和自我认知。在《水让我重生》这部纪录电影中，这一主题得到了充分的展现。它不仅表达了残疾人的自我重生，也突显了他们自我证明的决心。他们通过获得各种奖项，向世界证明自己的价值和能力。

《水让我重生》是一部探讨运动美学中的残缺叙事的纪录电影。影片突破了人们对纪录片的刻板印象。我们常常误以为残疾人的表达可能会有所限制，但实际上，他们的表达是饱满和有力的。残缺叙事不仅是一种表达形式，更是一种深入探索和理解被拍摄者内心世界的途径。它赋予纪录片更深的层次和意义，让我们重新审视社会、人性和自我。在今天的社会中，我们需要更深刻地理解和接纳这些残疾人。他们并不是我们想象中的弱者，他们有着强烈的自我意识。蒋裕燕、王李超在片中的言语简洁有力，无需多余的修饰。王李超对语言的直接和软性处理，展现了他的情感和智慧。谢毛三的故事更是感人，影片表现了一名年长的女人，在面对未来的不确定和挑战时，展现出的情感和勇气。摄影师表现的不是正面的泪水，而是背影的力量。正如我在拍摄长征胜利 60 周年纪录片时所体会到的，背影的情感传达往往比正面更加有力。

影片中的叙事旋律和美学元素是关键。每个人都有自己独特的方式表达内心的情感和想法，残疾人通过丰富的表达，证明他们的思想世界是多彩的。每年产出的电影成百上千，但关注残疾人的作品却少之又少。这个群体的声音、故事值得被听到、被看到。影片中的表达和叙述，展示了一种新的叙事方式和美学。影片中的每个镜头，每个画面，都在讲述一个关于力量、挑战和希望的故事。在运动美学中，残缺叙事融合了动机理论，调动了人物的内在情感和外在表达。每个镜头、每个画面都在调动和调度着观众的情感和认知，带领我们进入一个更深层次的情感和思想世界。但我相信，在这个主题上，还有无限的深度和广度等待我们去探索和发现。《水让我重生》不仅是在讨论创作的技艺，也是在探索学术的深度。这不仅是关于残疾人的故事，更是关于社会态度和模式的探讨。

陆扬[1]：

我们常说，美的本质在于完整、比例和匀称，但这部电影中展示的身体之美，是在部分身体缺失的背景下呈现的。正如王杰教授所说，传统美学，比如康德美学，是资产阶级的道德。但20世纪的思想家，如弗洛伊德和尼采都表示出对传统的反叛。

金老师指出，许多残疾人并不认为自己缺失了什么，他们和健全人一样，是完整的个体。我最初对电影的标题"水让我重生"感到困惑，但观影后我才了解到，这不仅是一部关于水上运动的电影，也是一部揭示残疾人内心世界和坚韧精神的电影。这个标题不仅具有美

1　陆扬，复旦大学教授。

学价值，还具有伦理学的意义。

我认为，如果能从不同的视角，比如从运动员群体的内部来展现这个"小乌托邦"，或许能让电影更加丰富多彩。这部电影非常励志，展现了残疾人运动员无与伦比的精神风貌。我作为一个电影爱好者，虽然观看过许多影片，但这是我首次观赏这种题材的纪录片，我对此感触颇深。

许继锋[1]：

金行征导演再一次呈现出了一部精彩的作品。我与金行征的相识，可以追溯到2017年第一届西湖国际纪录片大会。在那次活动中，我有幸担任评委。

我必须说，当我看到《水让我重生》的片名时，我不由自主地回想起了几年前在北大听叶朗教授讲课的场景。他提到，人的最高境界是"欲罢不能"。王李超、蒋裕燕、谢毛三等人展现出的生命状态，恰恰体现了这一境界。他们是如何做到的呢？他们用一种既出于本能又超越本能的方式，使自己的生命得到升华。这个过程在金行征的影片中得到了完美呈现，我们见证了水与人超越物理层面的关系，感受到了其中蕴含的哲学寓意。

第一，这无疑是一部出色的纪录片。近年来，纪录片开始承载许多额外的任务和责任，但金行征的作品却依然保持着纪录片的纯粹和自信。他摒弃了外在的修饰，让我们看到了纪录片真正的价值——带领我们认知一个新的世界，一个新的领域。虽然我们都知道残疾人数量庞大，但真正了解他们的生活和故事的人却很少。金行征通过他

1　许继锋，国家一级导演。

的作品，带领观众走进残疾人的内心世界，使我们受到震撼。金行征用他的自信和纯粹，通过纪录片这一媒介，呈现出了一个个深刻、感人的故事。这不仅是他的作品的价值所在，也是纪录片真正的意义和价值所在。

第二，这部作品是导演金行征个人标签的体现。从《罗长姐》《无臂七子》到《水让我重生》，观众能够感受到一种深沉的悲悯情感，这是相当难得的表达。我认为，好的影片就如同一面双面镜，它不仅能呈现出角色的真实人生，同时也映射出导演的内心世界。金行征不仅是导演，他还负责摄像和剪辑，他对整部影片的每个流程有着精准的控制，每一个叙事都被完美呈现。这是我们在他的《罗长姐》以及其他作品中，始终能察觉到的。金行征的独特之处在于他对影像的掌控能力。若你尚未观看《罗长姐》，我建议你先观看《水让我重生》，然后再回头欣赏《罗长姐》，你会对此深有体会。

我后来得知，金行征曾学习美术，并在国外进行长期学习与实践，这使他具备了扎实的专业基础。用影像讲故事是基本的常识，尤其是在电影、电视和纪录片领域。但当其他要素被剥离，回归到纯粹的影像时，你是否还能够编织出一个完整的叙事？

自《罗长姐》以来，他的作品展现了一种强烈的反剧情化倾向。那些观众可能会期待继续发展的、能够触动内心情感的剧情元素，都被金行征毫不犹豫地放弃了。以谢毛三为例，她28岁才开始练习皮划艇。在她与母亲的对话中，一声哽咽背后蕴藏着无数触动心底的故事。关于蒋裕燕，她九战九胜，每一个动作都充满了激情和力量。王李超也不例外，他在新冠疫情期间与女友的隔空恋爱经历，以及在婚礼上用膝盖擦拭眼泪的动作，饱含深情。金行征放弃了可能产生强烈剧情反应的元素。这一特点从《罗长姐》一直延续到《水让我重生》。

第三，我想强调的是，尽管金行征有在国外接受教育的经历，但我坚持认为，他的故事实际上是中国式诗性的表达。在影片中，不知道观众是否注意到王李超对他的爱人说"送你走"这三个字时流露出的情感？我当时几乎要落泪。我认为，这三个字和几秒后他的爱人在他肩膀上柔软地依偎的镜头，完美地呈现了徐志摩和戴望舒所描述的"中国南方的雨""窈窕女子"和所有美好的告别情景。这种表达充满了诗意，留给观众很多想象的空间，这正是中国诗学的最高境界。所以，金行征在这部影片中展示的诗性表达和用影像讲故事的能力，是他作为一个中国导演的本能反应。

自 2015 年以来，我一直在不同场合呼吁中国的纪录片导演要有自己的美学主张。不论是电影、戏剧还是纪录片，我们都需要在学习西方语法的基础上，实现自我提升。

我还想谈一个话题。我退休后，总有人问我关于"浙派"纪录片的问题。我认为，最好不要随便使用"浙派"这个说法，这样的称呼有一定的风险。如果真的要探讨所谓的"浙派"，我建议我们可以回头看看鲁迅、郁达夫和茅盾。他们是真正的浙江作家，但他们从未自称是"浙派"作家。鲁迅的洞察力、郁达夫对人的生存困境的表达，以及茅盾对时代的记录和他的自觉担当，这些都是值得我们学习的。我在想，我们这一代从事艺术和影像工作的人，是否也具备这样的品质？如果没有，我认为，我们还不配谈"浙派"，更不用说什么"新浙派"。

张海龙 [1]：

当金行征导演请我就《水让我重生》这部影片提供一个讨论主题时，我提出了"多屏时代的慢叙事"。在当下，我们很多人可能都"畏惧"观看较长的电影，我们总是希望影片内容更短、更精练，因为我们缺乏耐心和时间。因此，这种慢叙事方式在如今变得日益珍贵。

影片让我想起了大约 10 年前的一段经历。当时我还是报社的记者，在浙江体育场进行了一个小实验，试图体验残疾人的生活。我们尝试模拟盲人的生活，蒙住眼睛，试图以百米冲刺的速度跑出 10 米的距离。但当我们的视线陷入黑暗时，没有人能够完成这一挑战，那种由内心涌出的恐惧感会在瞬间将自己淹没。

于是我开始思考，金行征的影片是否能通过一种新的方式，引领我们以百米冲刺的速度"陷入黑暗"？我们应如何真正获得这种体验？在探讨残疾人这一题材时，我们对"残疾"与"残废"这两个词语的理解和使用，其实仍有不同的看法和解读。

我记得在英国时，我问当地的接待人员，为何在他们的街头可以看到如此多的残疾人。而在我们的生活中，尤其是在我们的社区、学校和公共场所，残疾人似乎并不常见，他们都去了哪里？接待人员与我分享了一个观点，我觉得颇为有趣。他说，在英国文化中，残疾人与健全人无异，他们有权利，也应该出现在公共场所，融入普通人的生活。

金行征捕捉到了这一点。我在观影时一直在想，除了残疾人运

---

1 张海龙，纪录片撰稿人。

动员，打动我们的还有那些兢兢业业的教练。每当教练对他们发出指令时，我都能感受到一股重生的力量开始涌动。

金行征提到，《水让我重生》的英文片名是 *Above Water*，恰好与张艺谋的电影《坚如磐石》的英文片名 *Under Light* 形成对应。后一个聚焦光明之下，前一个关注水之上。这两部作品呈现出不同的维度，具有极其吸引人的特质。张艺谋的影片聚焦于犯罪题材，探讨光明之下的生活；而这部《水让我重生》中，无论是游泳还是皮划艇，都是凝视人物生活的另一种视角。这种凝视带来的期待，使我们渴望更加深入了解他们面临的困境，而不仅停留在他们拿到金牌的辉煌上。我们要走出对他们单纯的赞美和崇拜，体会他们的困境和挑战。正如苏七七老师和张献民老师所说，这种深入探讨，不仅能丰富影片的深度，也能增强影片的冲击力，反映我们当前社会的语境和状态。

当金行征最初将影片发给我时，我的第一反应是，面对这样的题材，每个人或多或少都会有一种视觉上的不适。看着这些运动员，以及他们的身体，让我想到了《大卫·科波菲尔》。这样的画面让我重新回到对人体本身的思考上。

最初的美学不仅涉及审美，还包括对丑陋和令人不适之物的审视。金行征在德国的经历让我思考，这部影片是否能让我们重新回归"感受学"，是否能让我们接受并直面这样的题材。我记得波兰诗人亚当·扎加耶夫斯基（Adam Zagajewski）有一首著名的诗，那首诗名为《尝试赞美这残缺的世界》，该诗与金行征的表达意图相呼应，金行征的影片及其所表现出的克制或许正是对残缺世界的一种赞美。

在《夜邮》（*Night Mail*）中，导演约翰·格里尔逊（John Grierson）以一种诗意的方式，拍摄了夜间的邮车，尽管是在摄影棚里完成拍摄的。这部影片得到了英国诗人奥登（Wystan Hugh Auden）的倾力相助。影片中有四句话令我印象深刻，我觉得它们在某种程度上与金行征的这部作品相呼应。格里尔逊亲为这四句话配音："邮递员的敲门声，是扣人心弦的天籁，总担心被世人遗忘的，是普天之下的芸芸众生。"金行征的影片也唤起了我对那些平时被忽视的人的关注。

我在想《水让我重生》是否能作为一部文献纪录片进入亚运会博物馆，甚至在高校巡回展映，或者成为浙大的驻场影片。正如人们到庐山会观看《庐山恋》，来到浙大的人可以观看《罗长姐》《水让我重生》……作为一名创作者，我最害怕的时刻是作品首播的那一天，因为那往往意味着一个终结。但我现在在想，是否可以从这一天开始，让每部作品都孕育出新的可能性？

卢炜[1]：

最近，诺贝尔文学奖的颁布成为一个热点话题。在奖项揭晓之前，已经有很多人在关注这个事件。我认为有两个问题值得我们深入探讨。首先，残雪[2]在当代文学中的地位是什么？其次，为什么西方不断地赞誉残雪？我发现有四个主要依据。一个作家的声誉是关键，残雪在国外的声誉甚至超过了国内，这是第一个依据。一个作家的创作时间也被考量在内，包括作家的整体创作周期，这是第二个依据。现实主义是评选的重要标准，不反映现实的作家是无法获得诺贝尔文学奖的，现实主义技法是基本要求，这是第三个依据。评审还会考虑作品是否深入探讨复杂的人性问题，这是第四个依据。若以此标准来

---

1 卢炜，浙江传媒学院电视与视听艺术学院院长。
2 残雪，本名邓小华，原名邓则梅，女，1953年5月30日生于湖南长沙，中国当代作家。

评价金行征导演，结果会颇为有趣。我想着重提到的是第三个和第四个依据，即叙事技巧和现实主义技巧，以及对复杂人性的描绘。

我看过金行征的所有作品，我认为他已逐渐形成了自己独特的风格。金行征的一个显著特点是，他总是关注一些特殊的人物。我们常说，在当代，每个人都是"病人"——不是被困于自我肉体，就是被困于精神。在主题思想上，金行征能将其提升到哲学层面。这让我想到王尔德（Oscar Wilde）的名言：我们都身处阴沟，但仍可以仰望星空。我们常常被现实与理想之间的鸿沟困扰，但金行征却成功地将二者统一。他没有强调阴沟的恶劣和星空的遥不可及，而是让我们看到，现实即使残酷，也有其美好之处。

我觉得金行征对节奏的把握是值得赞赏的。每当我们自己创作或指导学生时，我们总会说，如果你在拍摄的一开始就能预测到结局，那这部片子就没有拍摄的必要。金行征的作品不同，虽然观众可以预见结局，但影片依然吸引人且表现出彩。当观众看到有志者事竟成的情节时，也不会感到厌烦。在纪录片领域中，这是一个不小的成就。传统纪录片或没有明确结尾，或观众对结局一无所知。但在《水让我重生》这部影片中，观众可以预见结局，却又沉醉于这种预见，甚至会为自己能猜中结局而得意。这种节奏处理得非常精妙。

当前，纪录片正向两极发展。一类是像许继锋老师拍摄的主流大片，追求高精尖、高规格，极致精美。但这类影片因制作成本高昂，产量越来越少。另一类是独立纪录片，用以表达导演的个人情感和观点，不拘泥于其他元素。而金行征提供了第三种可能——学院派纪录片。学院派纪录片强调个性、独立人格和学术风格。我认为他的作品是学院派纪录片的典范。

我们的教育体系中，尤其是艺术专业的硕士课程，"三一律"概念显得尤为重要。在金行征的作品中，这一原则表现得淋漓尽致。第一，他选择的主题总是明确和准确的，他的选题注重反映现实，但又在其中融入理想主义和人文主义的元素，使作品富有深度和广度。第二，金行征的作品的主线清晰。在纪录片的制作中，选择以人为中心而非事件。在后现代主义的背景下，人物中心的叙事方式更为可靠和有效。第三，关于创作方法。现如今，很多学生的毕业作品都倾向于个人化的创作，金行征老师是一个全能的创作者，不仅是导演，还担任摄像和剪辑。相比之下，有些学生什么都不擅长，却需要完成毕业作品的创作，这无疑增加了他们的压力。我认为，应当让学生观看金行征的作品，学习他是如何单枪匹马地完成如此高水平的创作，这将会对他们有所启发。

我认为，学术纪录片的价值和意义在学理层面的体现有两点。第一，我们要探寻纪录片的本质是什么，为什么要制作纪录片。我认为，纪录片应该回归本质——记录和传达真实。当今，纪录片已经成为知识普及和信息传递的工具。与其他类型的影像作品不同，它是成年人的教科书。在影像时代，文字的价值似乎在减退，作为影像的纪录片变得愈发重要。第二，纪录片要能够发挥高校传播文化和培养人才的功能。当前，有的大学似乎沦为了职业培训机构，但是高校的功能本应该是传播文化和培养人才。因此，我们希望纪录片成为文化传播的重要手段。学术纪录片应该引入更多的学术探讨，成为影像的试验田，为教师和学生提供创新和尝试的土壤。

肖琼[1]：

我并非影视专业人士，因此我仅从个人经验出发，分享我作为一名观众在美学角度获得的观影感受。我在观看过程中注意到了一些细节和美学元素，因此我分享的主题是"歧感"。

之所以说"歧感"，是因为我们在讨论残疾人时，自我会意识到与他们的经验差异，感受到一种异质性。金老师的作品聚焦于残疾人和老人，《罗长姐》和《无臂七子》是典型代表。金老师指出，当我们带着这种异质性经验接触这一群体时，会发现他们的自我认知与我们不同，他们不认为自己是"残缺"的。观看这些关于残疾人的影片时，我大为震撼。

朗西埃（Jacques Rancière）如何定义"歧感"呢？他认为"歧感"体现为，在特定的说话情境中，人们能同时理解和不理解对方所说的话。我们生活在充斥着各种习俗和习惯的社会中，这些习性不经意间塑造了我们的共识。在这个共识的影响下，我们容易排斥那些与我们不同的、异质性的元素。我们看电影时，都会带着自己固有的经验、情感、感受和认知。在这种情况下，我们观看和理解影片的方式也会受到这些因素的影响。

当我从学术的视角出发去探究这部影片的标题"水让我重生"时，我注意到其语言结构。考虑到影片是以人为中心的，而非物质或元素，我开始思考为什么主语是"水"，而不是"我"。当我意识到"水"与"谁"在发音上的相似性时，我再次反思，为何采用被动的叙述方式，而非让"我"作为主语，采用主动的叙述方式。我逐渐意

1　肖琼，浙江传媒学院教授。

识到这种叙述方式是为了避免形成被动或建立一种等级秩序，标题中的"重生"实际上瓦解了这种固有的关系结构。因此，"水让我重生"并不是在建立一种屈从或被动的关系，而是展现了一种平衡与和谐的相互关系。

影片中每个人物的首次出场都非常细致。在《水让我重生》中，影片一开始呈现了一幅关于水的画面，水滴从上往下落，令人产生了一种雨水的错觉，稍后方才揭示水是从泳池的保护膜上滴落的。这个画面和意境非常美丽，让人好奇为何导演选择这个镜头作为开场。每个人物的初登场都侧重于对他们日常生活的描绘，而非他们的训练过程。例如，蒋裕燕登场时很长一段时间没有对白，观众只能通过她的动作和背景音乐来理解她的状态和情绪。当她跳入水中时，音乐响起，形成一种强烈的视觉和情感对比。王李超的出场则与蒋裕燕不同，他嘴里叼着衣服等待别人帮助，展现出的是一种依赖状态。这两种不同的出场和情境呈现，或许是在表达这些人物的复杂性，他们既独立又依赖外界的帮助。这些精妙的细节在观影过程中给我留下了深刻的印象。

之后，我注意到了一个特定的静态画面，那是残运会上的一个口号——两个亚运，同样精彩。在我看来，影片中另一个场景与这个口号产生了呼应：运动员准备前往东京奥运会时，在火车站遇到了一群正在打太极的老人。一边是活力四射的年轻残疾人运动员，另一边是优雅从容的太极老人，两个群体相互呼应，展示了生命各个阶段的不同状态。每个人都在自己的世界里展示着不同形式的力量与美丽。

当运动员抵达东京参加比赛时，镜头没有跟随他们去赛场，而是转向了这些运动员的家人和朋友，他们正通过屏幕观看比赛。从运动员的内部体验转向外部观察者的视角转换，为观众带来了新的体验。在观看比赛的过程中，我开始思考"残疾"这个词的定义，我意识到"残疾"在此可能仅仅是一个形容词。这些运动员虽然身体有所残缺，但他们的精神和能量不亚于任何人。在他们的比赛中，我没有感受到所谓的"绝对平等"，例如王李超入水前必须咬住一块布。他们用自己的方式和规则去定义自己的世界，那是一种超越常规的力量与美丽。

运动员家人在观看比赛时的反应非常引人入胜。例如，蒋裕燕的妈妈观看蒋裕燕比赛时，时常流露出心疼之情；而王李超的妈妈则自豪地表示，虽然她的儿子在决赛摘银，但在她眼中他已是冠军。这些不同的反应和观点介入我们对于这些运动员和比赛的理解，带来了一种异质性的体验。对于我个人而言，如果没有观看《水让我重生》这部作品，我可能不会注意到残疾人运动员的这些细节。我们常常只关注比赛的结果，而忽略了其中蕴含的故事和情感。在《水让我重生》中，我看到了更多的细节，更深入地了解了这些运动员和他们的故事。

谈到叙述策略，这部影片中的冲突并不直接和明显，这也许是一种典型的中国式叙述方式。作为一个研究悲剧的人，我认为这种含蓄的冲突表达是一种优美的表现形式。特别是影片中对"水"的强调和运用，水看似柔弱，但蕴含着强大的力量，这与运动员的精神相契合。我还注意到一个细节，在影片的第 58 分钟，有一位运动员在皮划艇训练中落水，这让我意识到水虽然是运动员重生的媒介，但同时也是危险的存在。他们不仅要与自己的身体拼搏，还要与水这个既能给予生命也能夺去生命的元素进行斗争。这同样解释了我为什么选择

"歧感"这个词来表达我的感受，我既看到了残疾人运动员在水中的美，也体验到了他们与水、与自我、与世界的斗争。通过这部影片，我们对残疾人的认识和看法都产生了一些变化。

韦路：

金行征老师花了五年时间完成这部作品，拍摄这部纪录片的过程并不容易，这种精神和毅力值得我们每一位学者学习。如果我们能有这样的投入和毅力去做研究，花费五年甚至十年去写一部专著，那一定会是一部传世之作。

随着老一代教师逐步退休，新一代的老师大多侧重于基础理论研究，这给我们的人才培养带来了巨大的挑战，因为广播电视、新闻传播等课程面临着师资空缺的问题，学院不能仅侧重于理论研究，还需要有实践能力的老师为学生的创作进行辅导。金行征是传媒与国际文化学院艺术实践类"百人计划"第一位全职引进的教师，引进金行征老师和张勇老师的初衷是解决创作实践类师资的匮乏问题。他们不仅能承担实务课程的教学，还能创作出色的作品。未来，我们希望能引入更多像金行征和张勇这样既能研究、教学，又能进行艺术创作的老师。

我是金行征导演的粉丝，也想分享我观看这部纪录片后的感受。每一次看纪录片我都能感受到它们所蕴含的巨大力量和对人性的深度挖掘。金行征的这部纪录片也给我留下了深刻的印象，非常震撼人心，充满力量。这种力量体现在哪些方面呢？

第一是主题。金行征选择残疾人作为主题，从《罗长姐》到《无臂七子》，再到《水让我重生》，他一直围绕着残疾人进行创作。

我认为这是一个极好的题材，因为在国内，我们对残疾人的关注远远不够。截至 2021 年，中国有 8500 多万残疾人，我们在日常生活中却很少看到他们。盲道上看不到盲人，残疾人停车位上看不到车，这都反映出我们社会对他们的关注和支持还不够。片中有一幕是保安把残疾人从轮椅上抱到大巴车上，这反映出我们的社会环境对残疾人还不够友好。残疾人问题是国内也是全世界都需要关注的议题。联合国的可持续发展目标中，有很多都与社会平等有关。残疾人面临着许多不平等，即便是在数字时代，他们仍然可能受到不平等的对待。金行征的这部作品不仅体现了中国当前的社会关怀和人文情怀，也在主题上给人以强烈的力量感。

第二是故事的叙述。金行征选择了几个不同背景和特质的人物，他们的性别、年龄和角色各不相同，包括女儿、父亲、母亲和男朋友等。这些角色的社会身份和运动类型不同，虽然数量不多，却能够反映出残疾人运动员的整体生活状态，具有很强的代表性。这些故事的最大特点在于真实性，与很多关于残疾人的电影和纪录片不同，这部作品没有表现刻板印象。有些作品过分强调残疾人的可怜，或者过分强调他们的顽强，试图塑造一个超级英雄的形象。但《水让我重生》更平衡、更全面地描绘了残疾人的生活。他们既有顽强拼搏的一面，也有面临困境和挑战的时刻。

在这部影片中，金行征非常克制，没有刻意强调激烈的冲突和对立。他的叙述平缓、自然，就像是在诗意地讲述一个故事。但在平缓的叙述中，观众又能感受到一股澎湃的力量，因为影片展现了一个真实、立体、全面的残疾人生活状态。

第三是作品意境的传递。金行征的纪录片在视觉上具有强烈的冲击力。运动本身充满力量，当运动在水中进行，主体又是残疾人，视觉冲击力更是不言而喻。色彩的呈现也相当出色，使得画面的表达力超越言辞，甚至使旁白显得多余。除了视觉表达外，影片的声音设计也是一大亮点。我记得金行征曾强调，他在德国专门学习了声音设计。《罗长姐》中那种寂静中混杂着细微声响的情境，使整部电影充满了诗意。有声和无声的有机结合是金行征作品的一个重要特点，也是诗意表达的关键。一个不断喧闹、缺乏"留白"的电影是无法引人入胜的。我曾听过一些电台节目，那些恰当"留白"的节目总能带给人更深的意境。

最后是整部影片赋予观众的力量感，特别是让观众意识到需要改变自己对残疾人的态度和看法。我认为对于残疾人来说，比起物质上的平等，精神上的平等更为重要。当前，他们面临的最大挑战是在精神层面达到与普通人一样的平等。只有当社会更加尊重残疾人时，他们的精神状态才会变得更好，而此片有望在整个社会中引起这样的改变。我认为，无论是纪录片还是其他电影，都需要承担重要的社会功能——让世界变得更美好。如果这部电影能够改变公众对残疾人的态度，那将是巨大的贡献。

王庆文：

看了这部纪录片，我深受触动。韦路老师提到他是金老师的粉丝，我也自豪地认为自己是"金粉世家"的一员。我主要从三个方面来谈我的感受。

首先，我非常赞赏金老师选择"水让我重生"这个主题。这个主题涵盖了两个重要元素：残疾人和体育。残疾人通常被视为弱者，而体育往往代表着力量和活力。金老师在这部作品中对弱者与强者之间关系的处理，让我产生了浓厚的兴趣。在观看影片之前，我脑海中就涌现了无数画面，想象着接下来可能会出现的情景。我一直在思考，在弱者与强者之间的对比中，究竟导演使用了什么元素让这部作品如此动人。

其次，这部影片极具"感人"的特质。在这部影片中，真、善、美都得到了充分的展现。第一，片中真实的情境让人深受触动。例如，影片中展示了教练、运动员和运动员家属，以及国家体育总局、残联等对运动员的支持和保障，展示了他们对残疾人的关爱和帮助。片中展示的"爱"的力量也让我动容。我在与金老师交谈时提到，作为一名普通观众，我在观看影片时哭了三次。其中一个情节是教练警告在千岛湖上训练的皮划艇运动员，如果心跳达到200次并掉入水中，就可能会丧命。教练的言辞虽然严厉，但透过言语我能感受到他对运动员的深深关爱和担忧。作为一名老师，我深有同感。第二，王李超的母亲让我动容。当她描述自己的儿子获得亚军的经历时，她提到王李超需要用头触碰终点，而冠军则是用手。虽然儿子获得了亚军，但在母亲的心中，他永远都是冠军。第三，情感高潮体现在一名父亲的身上。他的表达虽平静、简练，但却无法掩盖他内心的激动。虽然影片的情感表达相对平淡，但却触动了我的心弦。

金老师的作品在真、善、美的表达上达到了高峰。其他老师已经深入探讨了他出色的画面处理能力和摄影技巧。从我的角度，我更被那种力量之美所吸引。虽然运动员身体有残缺，但他们结实的身体展示了一种独特的力量美学。水花四溅的泳池、奋力拼搏的运动员，以及他们最终所斩获的荣誉，都在静谧中传达出强烈的情感震撼。

我作为一个中年人，常常面临生活的挑战。但当我看到这些运动员克服重重困难、奋力拼搏的场景时，我不禁问自己，我还有什么理由逃避困难，选择躺平呢？学生也可以从影片中感受到毅力。我对游泳训练并不陌生，因为我的女儿曾经接受过专业的游泳训练，她每天都要游四千米。这是一种孤独而又艰苦的训练，他们一年只有三天的休息时间，即使在春节期间，也要坚持训练。

希望更多的人能了解这部作品，感受到其中蕴含的深刻情感和人生价值。那么，如何扩大影片的观众范围并增强其影响力？第一，可以通过残疾人组织来推广这部影片。第二，可以通过影片中主角的家乡和亲友进行推广。这部影片不仅对我们的学生具有教育意义，也能让主角和他们的家人、朋友从不同的角度体验和欣赏。他们看待这部作品的视角与我们不同，其深入的情感体验也是我们无法复制的。

张勇[1]：

众所周知，同行之间常会有一种特殊的敬意，特别是在纪录片导演之间。我今天想与大家探讨的是，在综合性大学中从事纪录片创作、教育和研究的意义。我们投身这一领域，更多地是基于综合性大学中影视教育的整体布局。

综合性大学中的纪录片教育至关重要。第一，影视专业的实用性非常强，与文学、哲学、历史和传播学有明显区别，强调实操经验。第二，这种实用性也体现在广播电影电视研究所的学生身上，90%的学生是专业硕士，他们的毕业作品都需要拍摄纪录片或剧情片。第三，我认为，高校老师拍摄的纪录片，有一个显著的优点——

---

1 张勇，浙江大学传媒与国际文化学院"百人计划"研究员。

具有极高的文献价值。我们在高校从事创作时，总会强调其学术意义。纪录片作为一种媒介，正好满足了这一要求。第四，我认为纪录片仍然是当前青年学生理解世界的一个重要渠道。我们对亚非拉的视觉理解都非常有限。纪录片作为一种更接近真实和现实的媒介，为学生提供了理解世界的重要途径。虽然有人说剧情片也可以起到类似的作用，但在我的研究领域内，例如以非洲为背景的《战狼2》和《红海行动》，这类剧情片实际上加深了人们对非洲的刻板印象。相反，纪录片才具备帮助人们深入理解非洲的功能。

我想继续探讨浙江大学纪录片教育的特色。首先，我们特别强调作者的表达。金老师是一个典型的例子，他不仅是一位杰出的导演，也是残疾人领域的专家。他对这个题材的深入研究和理解，使他的作品充满了深度和内涵，体现了他作为一名学者型导演的特点。其次，我们注重学科交叉，特别是人类学和社会学的融合。我常告诉我的学生，要多选一些人类学和社会学的课程。再者，浙江大学是一所国际化的学府，特别强调国际视野。总的来说，纪录片对于高校具有重要的意义。在未来的教学和研究中，我也会将纪录片这一媒介和影视样式视为重点研究对象。

罗婷[1]：

记得我和金行征导演曾就《罗长姐》进行过深入的对谈，如今《水让我重生》上映，我深感羡慕，因为你的新作吸引了如此多的观众。我致力于撰写学术论文，但可能整个生命周期内，读我的论文的人数都无法与今天观看你作品的人数相匹敌。

1　罗婷，浙江大学传媒与国际文化学院"百人计划"研究员。

金导的作品让我想起了三部影片。首先是《罗长姐》，但其与《水让我重生》不同。《罗长姐》的镜头拉得很长，而《水让我重生》的剪辑和节奏相对更快。罗长姐的故事背景在农村，那里与《水让我重生》中充满运动感的城市环境大相径庭。当然，我还是在某一个场景中看了《罗长姐》的影子——谢毛三与其母亲的对话场景。

残障是反视觉的，因为我们的视觉是一个极度受到意识形态与传统观念限定的领域。残障的形式，包括身体的缺陷，甚至认知的缺乏，其实都是反视觉的。所以我觉得你选择残疾人题材其实非常不容易。如果将残障或残缺视为一种缺憾，在当前的语境下，对于中国的个体、艺术家或纪录片创作者来说，特别是主流纪录片的创作者，想要通过自己的力量或视觉表达去填补这种残缺，我认为是非常困难的。因为真正具备填补这种缺憾的力量是一种更广泛、更深远的力量。所以，在这种题材里找到自我表达的空间非常不易，我能深刻体会你所面临的困难和障碍。

第二部影片是《阿凡达》。与《水让我重生》相比，《阿凡达》有着显著的不同。《阿凡达》讲述了一名由于战争导致身体残疾、退役的美国士兵，无法在正常社会中获得想要的生活的故事。某天他被安排执行一项特殊任务，即将自我意识传输到潘多拉星球上的纳美人身上。在任务过程中，他实现了一种后人类的自我，不再想回到原来的人类躯壳。而《水让我重生》非常接地气，充满了中国特色。影片中的运动员始终生活在当下，运动成为一种劳动。正如谢毛三的话让我印象深刻："我如果去厂里，每个月也就挣那两三千块钱。"对运动员来说，运动是他们的谋生方式，让他们能更好地生活。你的作品非常中国式，尤其是村民一起庆贺的场面，大家都为运动员的成功感到骄傲。所以在我看来，这是一部充满中国特色的纪录片。

第三部影片是《大阅兵》，它是 1986 年陈凯歌导演的作品。这部影片探讨了如何处理个人与集体之间的关系的问题。你提到蒋裕燕与你说过："我不是一个残疾人。"在游泳比赛中，很难界定参赛者是以何种残疾的身份参加比赛的，在蒋裕燕的话语中，我认为她试图传达的是她的独特性。这让我思考，一个独特的个体与集体，与文化之间会有怎样的关系？

我最深的感受来源于我的个人经历。在装修房屋时，我怀着一个设计师的心态设计了很多方案。但设计师告诉我，我所有的方案都是最贵的。为什么？因为个性是最昂贵的。当你按照主流方式设计时，所有的建材和方式都是工人所熟悉的。残疾人面临困境，不仅仅因为他们身体有残缺，更在于他们是最具个性的人。这种个性需要社会广泛的包容和支持。

严毓倩[1]：

这是我第二次观看这部影片。这次我尝试从不同的视角，也就是从残障群体或残障研究的视角来审视这部影片。但以他们的视角重新观看这部影片，是具有挑战性的，这并不容易。

我认为金老师拍摄这部影片需要极大的勇气。因为您并不是一名残障人士，所以在这部影片的拍摄中一定是采用了外部的视角。在创作过程中，应当会涉及很多复杂的问题，也会受到各种质疑。例如，残疾人的伦理问题也是一个需要深思的议题。当健全人举起相机对准残疾人时，似乎就带有某种原罪。或者说，导演需要不断反思自

1　严毓倩，浙江大学传媒与国际文化学院"百人计划"特聘副研究员。

己的伦理立场，因为我们确实无法完全站在他们的视角表现。

我发言的主题是"残与障、身体与环境"，我觉得这两者是相互关联的。我们称他们为"残"，而他们在自我认知中并不认为自己是残疾人。这种"残"其实是由周围环境中的障碍定义的。这部影片带给我的最大触动，是他们在水中的自在状态。我认为，水赋予了他们自由的环境。在水中，他们能够重新审视自己的身体，在这样的环境中，他们认识到自己是完整的，不会被与其他人比较，从而达到一种完全自在的状态。环境在这里起到了关键作用，我们看到他们在不同环境中的状态。我一直在观察身体与环境之间的互动和交流，在某些特定的环境下，他们不会认为自己是残疾人。但在更广泛的社会环境中，当各种障碍出现时，他们的自我认知以及我们对他们的看法都会发生改变。

关于身体，当我们关注纪录片中残疾人的身体时，其实不只是他们的身体受到关注。拍摄者，比如金老师作为导演，他的身体也存在于拍摄环境中。我们作为观众，也在使用自己的身体观看。在观看这些身体时，正如许多老师提到的，会产生一种不适感。我认为这种不适可以促使我们去反思我们的观看方式。我不想使用"凝视"这个词，因为在电影术语中，它带有很多额外的含义。但是，当我们把相机对准这个特定群体时，我们应该用什么样的态度去看待他们呢？是将他们视为弱势群体，还是将他们各自视为值得我们尊重的平等个体？这个问题变得相当复杂。从某种程度上说，他们由于社会的原因而成为弱势群体。但与此同时，他们通过斩获荣誉获得的自信，实际上使他们能够以更平等的态度去看待纪录片创作者。这个问题十分有趣，就像我们如何看待残疾人面对镜头，他们的身体如何与观众的身体互动？这似乎启发了我一些新的思考。

我还有一些想法，比如泳池和皮划艇之间的对比。虽然都与水有关，但金老师提到水上和水下的区别。这让我想到，一个是受控的环境，另一个是不受控制的自然环境。在游泳池里，我注意到，运动员们认为自己是被控制的。然而，在皮划艇上，情况完全不同。在千岛湖的皮划艇训练基地中，场景强调的是风、浪等各种自然因素，他们似乎在与自然做斗争。紧接着，镜头立刻切换到昆明 29℃的恒温泳池，并强调泳池水温是可控的、舒适的，这是专门为游泳运动员创造的环境。

在这种可控的环境和自然的环境的对比中，残疾人身体与环境的互动变得尤为显著。在自然环境中，他们面临的挑战更直接、更真实，这可能是他们真正能感受到自我的时刻。而在受控的环境中，他们似乎变得更被动，更依赖外部的控制和规则。这种对比或许让我们重新思考，我们如何看待这些具有不同能力的人，他们在不同环境中展现出来的是什么样的自我。

冯芙蓉[1]：

我的焦点是关于小型社区"乌托邦"的情感结构研究。在观看了这部电影后，我认为，他们的幸福感使他们所在的社区呈现出一种"乌托邦"式的结构。

我在电影中识别出两类"乌托邦"：一类是拍摄者和被拍摄者之间形成的短暂、临时、以空间为基础的"乌托邦"；另一类是教练和运动员之间形成的基于情感、相对更长期的"乌托邦"。"乌托邦"

1　冯芙蓉，浙江大学传媒与国际文化学院博士。

有三个核心特征。第一个特征是相对稳定性。现代社会是一个动态的、不稳定的结构，人们被投入一个陌生的环境，必须通过自我选择来决定自己的前途和命运。在流动和不稳定的现代社会，人员构成非常不稳定，社区结构充满变化。每个人都将同事视为陌生人，因为他们彼此对合作的预期持续时间很短。这使社会形成了一种相互攻击、防备和猜忌的氛围。与此相对，《水让我重生》中的运动员社区却呈现出截然不同的情况。第二个特征是封闭性。封闭性有助于乌托邦世界的构建，形成一个自我维护的世界。"乌托邦"拥有其独特的规则和规律。第三个特征是相对单纯性，源自其相对封闭性。"乌托邦"中的价值观相对单一且稳定。在这个世界里，成功和失败的标准清晰明确，就像我们对待高考的态度：考入名牌大学就代表成功，否则就是失败。这种简单、明确的价值逻辑在现代社会中意味着一种幸福，因为它足够稳定。

在《水让我重生》中，"乌托邦"的基础并非对话或知识，而是"友爱"。友爱有何特质呢？第一，它是一种相对平等的关系，给人一种被尊重之感。第二，它是一种社会关系，而非私人或家庭关系。在友爱中，人们相互关注、相互帮助，这种关爱会带来幸福感。正是友爱能够使社区成为"乌托邦"。

我开始思考，当代社会中，友爱是否会逐渐变得稀缺？我们是否在社会生活中缺乏信任和深度联系？与爱情相比，友爱显得更为温和。赫勒（Ágnes Heller）在《脱节的时代》中讨论了爱情为何具有破坏外在规则和秩序的倾向。与亲情相比，友爱更具社会性和平等性。它不是围绕父权或母权构建的关系，而是强调交互的平等关系。友爱在现实世界中具有极大的价值，它能促进和谐社会的建立，增强人们的安全感，稳定社会结构，推动人的自由全面发展。《水让我重生》就像一个范例，展示了我们如何通过友爱塑造不同的人生，建立一个不同的世界，为现代社会指明一条新的道路。

至于为什么电影中的残疾人不认为自己是残疾人，我认为有两点原因。第一，电影中的角色是运动员，体能往往超过普通人。第二，水有疗愈的属性。水是一个界限，水上是人类的世界，水下是另一个世界，这是水的两重性。福柯在《疯癫与文明》中提到，水具有进化性，能通过疗愈人的方式改变人。乌托邦内部的尊重和平等为人们提供了一种保护机制。在乌托邦中，他们是被尊重的人。一旦离开，他们可能就会被视为残疾人。

邱跃强[1]：

《水让我重生》是金老师聚焦于残疾人题材的第三部作品。在我与金老师合作的第一篇文章中，我曾如此评价：金老师创作出第一部关于残疾人的电影《罗长姐》，标志着他个人风格的形成和确立。这一评价源于我对他作品的观察，从《无臂七子》到《水让我重生》，我能看到金老师的坚持和一致性。

苏七七老师也有类似的观点。她表示，从电影中可以清晰地看到金老师的独特风格。不同导演对人物的呈现方式都不一样。我想通过《水让我重生》的几个细节来说明金老师的坚持。在电影中，谢毛三有一句台词，她说："为什么我跟其他兄弟姐妹不一样，我为什么患了小儿麻痹症？"另外一个场景是杨博尊和其他残疾人运动员一起弹吉他、唱歌，手里拿着啤酒。这两个细节揭示了金老师的坚持，他

1　邱跃强，浙江大学传媒与国际文化学院博士后。

的电影有一种"欲说还休"的克制，这种克制让电影更真实、更有力量。我认为，正是这种真实和金老师的坚持，使得这部电影具有深刻的现实意义，并能深深地打动观众。

王杰：

我认为，要让中国电影在世界上产生影响，需要有独特的理论和创意。无论是纪录片、故事片还是商业大片，我们已经吸收了大量国外的技术和经验，现在是时候开展中国式创新了。然而，这条道路并不容易。我们可以学习和借鉴西方电影，但要创作出真正属于我们自己的作品，还是需要深入思考和探索。金行征导演的作品就是一个很好的例子，我们可以进一步分析其电影语言和独特性，探讨其与国外作品的差异。我们有着不同的情感结构、文化积淀和社会环境，这些因素都会影响我们的创作。正如我们的语言、歌曲和菜肴不同于西方的语言、歌曲和菜肴，每个地区和文化都有其独特之处。未来，在当代中国影视评论工作坊中，我们不仅会讨论纪录片，还会探讨各种类型的影视作品，并对其进行严格的评价和深入的分析。我们期待大家共同努力，为中国影视的发展做出贡献。

附录三

纪录电影《水让我重生》首映礼

2023年10月13日，纪录电影《水让我重生》在杭州市延安路385号百美汇影城（杭州嘉里中心）举行首映仪式。浙江省残疾人联合会代表、浙江省纪录片协会代表、浙江大学师生代表、浙江大学传媒与国际文化学院领导和多所高等院校嘉宾、业界专业人士、创作团队成员，以及杭州市电影电视家协会成员等参与了此次首映礼。

映　前

李一波[1]：

《水让我重生》以纪实手法，用了 5 年的时间记录了浙江籍残疾人游泳运动员蒋裕燕、王李超以及皮划艇运动员谢毛三等刻苦训练的场景，深情讲述了他们乐观积极、勇敢追梦的故事，生动再现了他们在东京残奥会上敢打必胜、争金夺银的传奇人生，充分展示出他们顽强拼搏、热爱生活的坚毅品格，这是中国残疾人运动员自强不息的精神风貌和体育精神的生动缩影。这部影片我看过几遍，每一次看都深受感动、深受教育、深受鼓舞。2018 年以来，主创团队历经 5 年的精心创作，匠心打磨，在亚残运会开幕前夕上映，对激励广大残疾人运动员筑梦赛场、圆梦杭州，在全社会广泛传递乐观自信、向善向上的正能量，进一步营造热烈文明喜迎盛会的浓厚氛围，必将产生积极的影响。

严卫平：

纪录电影讲究真实而非虚构，人物、故事、话语都是真实的。纪录电影的创作难度比较大，创作周期比较长，所以产量比较低。目前，我们全国每年能在院线公映的纪录电影只有二十几部。这部《水让我重生》从策划到成片，用了 5 年时间。没有高尚的情怀、没有坚强的毅力、没有扎实的功力，是很难完成的。有专家说，这样一部优秀的电影并不是出自电影制片厂，也不是出自电视台、影视公司，而

1　李一波，浙江省残疾人联合会党组成员、副理事长。

是出自一位高校老师之手，实在难得。这部电影我看过一遍，很励志，我很感动。对那些在意外中失去手脚的人而言，社会和亲人唤醒了他们重新面对生活的勇气。他们从事体育运动，刻苦训练、奋力拼搏，为祖国赢得荣誉的故事，令人钦佩。

映　后

彭远方（主持人）：

我是浙江工业大学的彭远方，也是金老师的粉丝，请金老师分享他拍摄的感想。

金行征：

对我来说，每次首映都是一个难以言表的时刻。今天，这么多领导、同行、朋友以及这么多的观众能够参加《水让我重生》的首映礼，我特别开心也非常激动。从 2018 年春天开始，一直到 2022 年王李超婚礼的那天，我总共花了五年多时间制作这部电影。

这部电影让我产生了很多的改变，特别是对残障群体的看法。在拍摄期间我们经历了很多困难。但是，正是通过这些困难，我看到了这个群体展现的毅力和坚持，也给了我精神上的力量，让我能坚持完成拍摄。2020 年，我们前往云南拍摄。那时我已经和这批运动员的关系非常熟，他们也非常希望我们去拍摄。在云南，我认识了杨博尊。第一次看到他时，身处云南的他却在给天津的儿子点外卖。他的视力为零，但手机用得很熟练。我们一直用发现的眼光关注他们，我们不是只关注一两名运动员，而是关注整个群体。但对摄制影片来说，这是一大挑战。

观众 1：

我今年 68 岁了。在过去的 40 年里，我从未真正见过残疾人的生活。但今天，我通过这部影片看到了他们的世界，我的心中充满了感动。

观众 2：

您好，金老师。我对这部电影的体会也比较深，因为我是水上运动管理中心的一名运动员。我在影片训练的场景中看到了李教练，他也是我的教练。我们每划一桨，每流一滴汗都是为了燃烧自己、为了自己的未来、为了国家。

金行征：

运动员背后的付出常常是我们看不见的。他们年复一年地训练，但冠军只有一个。那些第四名、第五名的运动员，他们的故事同样令人动容。他们背后的故事很多，但影片展现的终究只是一部分。我希望通过他们来鼓励更多的人，这也是我拍摄的初衷。

在这部影片中，让我感受最深的是谢毛三。她从 28 岁开始参加皮划艇运动，只花了 4 年多的时间就赢得了全国冠军，从而彻底改变了自己的命运。

夏燕平[1]：

我从事的也是纪录片创作。当我看完这部影片时，我做了一个决定。我要看杭州第 4 届亚残运会。我本不是一个运动爱好者，我很少主动收看体育赛事。但是这部影片改变了我的想法，我必须认真观看这次的杭州亚残运会。我对他们充满敬畏，这是我从这部影片中得到的第一个非常深刻的感受。第二，我感到非常惭愧，因为严卫平老师说，这些影片不是由影视公司或电视台等拍摄的，而是一位大学老师拍摄的。其实，我们有能力拍出这样的作品，但事实上，我们做不到，原因很复杂。

我自认为是一个纪录片创作者，但 20 世纪 90 年代后，由于纪录片的收视率不高，我们转向了制作收视率更高、与广告直接挂钩的娱乐节目。21 世纪初，央视九套开播后，纪录片才开始受到重视。在

1　夏燕平，浙江卫视知名纪录片导演。

我看过的所有纪录片中,《水让我重生》是最让我感动的,也是最真实、最接近原貌的。我希望未来能有更多这样的影片。

我们现在太缺少记录当今社会的人。历史上,发生过很多可歌可泣的故事,但电视和电影从业者却没有记录下来。其中一个重要原因是我们没有这样的意愿和精神,可以说这是我们对时代的一种亏欠。最近有一个关于预制菜和新鲜菜的讨论:我以前拍的片子就像预制菜,能满足基本需求,但是味道一般,营养也不丰富;而金老师拍的这部影片,就像新鲜、时令的菜,营养丰富。我觉得我们应该多看这种类型的纪录片。

彭远方:

电视台可能很难接受花 5 年时间拍摄一部影片。因为电视台会考虑投资的问题。

周佳鹂[1]:

我从第一届西湖纪录片大会开始就关注金行征导演的作品,包括他在首届大会中获奖的作品《罗长姐》和第 2 届的入围创投的作品《水让我重生》,而入围创投已经是多年前的事情了。

虽然金导是一个不太爱说话的人,但他的纪录片却非常有力度。他的《罗长姐》和这部《水让我重生》都在关注那些非常有力度的人的人生,即便他们是社会上相对边缘、弱势的人。金导总能够用镜头敏锐地捕捉到这些人身上具有生命强度的力量。从叙事上来说,金导没有构建一种煽情和复杂的戏剧性冲突。我相信他有很多可以让观众

1　周佳鹂,中国美术学院电影学院副教授。

受触动的素材，但为了叙事，他选择了舍弃。他在简单的叙事和朴素的故事中发现了人与生存、与命运之间非常深刻的关系。金导用非常敏感、细腻的镜头语言，将情感堆积到极致。这也是他整个创作历程的特点，影像本身的诗意在这部影片里也得到了很好的体现。当然，这只是我目前的一些简短的感受，我希望未来还可以和金导有更多的交流。

我在这里要赞美纪录片创作者和纪录片所呈现的对象。这些运动员们通过他们的精神内核，用更深层次的生命情感打动了我们普通人，也给了我们巨大的激励。

观众 3：

我是一名纪录片编导，我觉得这样的题材被搬上银幕，是一件值得敬畏的事情。虽然这只是一部 90 分钟的纪录电影，但它让我看到了生命的力量，这令我深感触动。我有一些在创作层面的问题，我很好奇在剪辑的过程中，您是怎么编排这些人物的内容的？因为纪录电影受篇幅的限制，很考验导演在素材取舍上的能力。

金行征：

这部影片的逻辑其实是比较明确的，它展现了"一个人"完整的体育生涯。蒋裕燕代表着"一个人"初入赛场的少年时期、王李超代表满腔热血的青年时期、杨博尊代表职业生涯的末期。杨博尊在这届比赛之后可能就要退役了，他在 2008 年、2012 年和 2016 年的残奥会上都赢得了金牌，2021 年他拿了铜牌。

观众在影片中可以看到母女之间的关照、情人之间的爱慕，还有教练的指导、国家的扶持，以及周围人的帮助和关心。影片就像是围绕着"一个人"的体育生涯展开的，或者说展现的是一个运动员的人生。但每个运动员又是不一样的，谢毛三是个特例，因为她28岁才开始参与体育运动，也获得了成功。所有这些元素共同搭建了影片的逻辑结构，展示了体育带给人的无限可能。

观众4：

我觉得片中有很多当代年轻人会喜欢的元素。用这样的方式呈现出来，我觉得还挺有意思。片中那对情侣的互动特别真实。过年场景中，大家以"社牛"的方式互相庆祝，我非常有共鸣。

金行征：

王李超对他女朋友说"送你走"，然后他们慢慢向前，走着走着，他女朋友突然停下，依偎在王李超的肩膀上，但王李超却不能抱她。我记得在2022年的某一天，我在剪辑时看到这段内容，深深地被感动了。因为他们见面非常困难，可能半年也见不到面。见面之后只能在训练基地门外稍作停留。

观众5：

我的女儿是一名游泳运动员。我想说，即使对健全人而言，游泳训练也是非常艰苦的。我希望这部影片能成为运动员们观看和学习的素材。电影中没有任何解说词或旁白来讲述这些运动员的不易，但导演展现了大量的细节，比如他们如何用两只脚吃饭、穿衣服，甚至一些对常人来说也很困难的事情，他们也都能自己完成。细节的力量震撼人心。

观众 6：

当我观看这部电影时，首先是被其名称所吸引。片名"水让我重生"非常有深意。谁让我重生？是"水"还是"谁"？

残疾人在健全人眼中，可能是社会边缘群体，但纪录片能将焦点投向被忽视的群体。《水让我重生》的镜头的运用非常出色，全景、近景和特写之间的切换，展现出运动员与父母间的交流，引发了观众深刻的情感共鸣。这种抓住观众内心的能力，正是优秀的纪录片所需要的。

观众 7：

此前我也是水上中心的一名运动员，平时会接触到训练场地中的残疾人。之前，我能感受到残疾人的不易。但是金老师在这部纪录片里展示了更多的细节，看了之后我心里很难受。在生活中，残疾人会遭受一些歧视。但是他们通过运动证明了自己的价值。他们每个人都有自己的故事，每个人都在为了证明自己而努力。

观众 8：

我发现，这些运动员的情绪，包括他们的辛苦训练、激动流泪，是直接呈现在您的镜头前的。我之前也拍过纪录片，所以我想问，您大概接触他们多久之后，他们的情绪才会在镜头前自然流露？因为在拍摄纪录片的时候，一方面，我们需要抓紧时间、合理调配，需要对影片整体有个基本把控；另一方面，纪录片又是时间的艺术，我会觉得跟他们相处的时间越久，情感交流会更深，能够捕捉到的东西也更多。我一直不知道该怎么去平衡这两方面。

金行征：

2018 年开始拍摄《水让我重生》时，我与被摄对象之间的关系比较生疏。但后来，当我跟他们同吃同住时，我们很快就熟络起来了。他们不会在我的镜头前面感到不自然。我要强调的是，拍摄初期还是需要有交流的过程。这个过程可能长也可能短，没有确定的时间。所以，您如果有好的纪录片题材，可以尝试至少花一年的时间和他们交流，在实践中找到答案。

观众 9：

我是一名职业公益人，因为工作，我接触到了包括残障人士在内的弱势群体。现在很多主流媒体在报道残疾人相关内容时，总是倾向于展现他们的弱势，激起人们的同情，以此为残疾人取得帮助，而像《水让我重生》这样的正向引导是非常少见的。

金行征：

没错。我体会非常深，其实社会需要更多关于残障人士的电影。